# SAKTMOD
## – SJÄLSLIG OBSERVANT

Hans-Olov Boström

# SAKTMOD
## – SJÄLSLIG OBSERVANT

POESI

Tidigare utgivna titlar:
Steghjul - oron också, 2021
Vistelse - Ett annorlunda betraktande, 2023

© Hans-Olov Boström 2024
Förlag: BoD · Books on Demand, Stockholm, Sverige
Tryck: Libri Plureos GmbH, Hamburg, Tyskland
ISBN: 978-91-8097-661-9

Några förord och kanske varför i skrivandet
när kunde vara associationer, fick röra intill
att känsloförmedla tillsammans med vad vi
gör här vid tiden mer än att uppsöka
dom föranledda, några parallella obeprövat
som gånger likt åt en bokstavssättning
alternativ om några sinnliga villovägar, typ
uppsöka den egna tystnaden, allting när
i form av dom
endera när likt ren nyfikenhet, ett djupare
samtal vid sig själv, har inga andra krav än
få frigöra sig en stund när
likt blir upplöst
ur den fasta formen, ett oftast via försiktigt
av yttringar underifrån och upp
genom ytan för ett uppvisat livstecken,
det knappt märkbar att få snappa upp luft
göra uppehåll
          glömma en monoton vardag
framhäva till logisk analys,
ligger i dess sökande, kunde vara
något om hur de oundvikliga måste passera

# DAGRUMMET

Att kanske varifrån kunde ha letat efter
en källas början av förordning, de dagliga
av upplagor där textat vid som till ett
embryo för hela evolutionens rikedom
att sitt ursprung när blir ställd till varje sin
mottagare, slags överraskningsmoment
ett sitt inträde utan någon som helst
vetskap om livsvillkor, bli befogad till att
memorera in detaljer,
– en populationsspegel, dom av lite
mer än sitt drivande genom dagrummet
betydelsen av en smärtsignal,
ett budskap för vidarebefordran
nånting uppbyggt utav nån djupare tanke
– födelse utan strategi, ett
ofullbordat verk när fastklamrat vid tiden
– en störd stabilitet
för den ordinarie temporära ordningen
bli ställd intill ett verklighetens ansikte
endera hur framträder, bryter sig ur en
mörkaste skugga så som
                solparticklar kunde
ha börjat att dansa likt av, levande väsen

# MANUS LIGGER OCH VÄNTAR

En elektrifierat strömning via någonting
överrepresentativ där i argument för
ett med hela innehållet uti sinnebilden
bruket av sådant när konstaterat med
skiljelinje strax intill lidelse, typ gånger
representativ för dom
            tankeburna versionerna, hur
några fastbundna när ville få komma ut
där svårigheten med att komma ifrån
dom ingrodda vid mening eller
gånger kunde ha letat efter alla dessa
när likt ett eko utav sig själv från en
andra sida som ett förvirrat angrepp,
kunde ha tärt på en livskvalité och ifall
om det här skulle vara båg,
att för helvete sådana lögner finns inte
bara ett mest likt förslutet med
plats för när både innanför och utanför
endera sitt värde av när
            blir hejdat som
träden skulle ha slutat andas eller när
hur många miljoner som helst när
aldrig kommer ens i närhet utav frihet

# SJÄLVSÖKANDE ÄMNE

Tidskoncept, informell formulering, ämne
genom typ när pressas samman sådant att
fanns inte som logik, mer som infiltration
av nervbanor, slags kvantitet kring dom
utplacering utav nya uppehållsplatser
– arkivera en glittrande ytas rörelse, att
hur de likt av gånger fick
konsultera med när precis mitt i stund av
förutsättningslöst, ett
försök att förstå ett utspritt ur, ingenting
kanske kräver inga
förtjänstfulla marginaler, bara medan ett
försiktigt skyndsamt åt liv, hur blir
överräckt åt ur den stora mörkermassan,
ta kontroll över en insikt, åtgången av när
blir levererad genom levernet, reglera
dom i strömning för en blad tunn känning
endera bara som en salig röra kring en
färdsträcka för tidtabeller och sina andliga
ankomster eller bara som
observation,vad dom gjorde med sinnena

# RITAT MED KRITA

Övergripande för att överleva, dom av
ordinarie för mognadsfas, kunde vara
typ maktfördelning ur vilket
växer ur så som vi vill att det skall bli
       – en varje mening till när
härrör som likt
av ett rotskott, ett budskap eskorterat
via cirkulära befruktningar,
räkna in alla dom förenliga vid typ sina
fragment upprättade efter att nån
reflektion kunde uppstå till avstånd för
minnestavlor, en stund
egendom av tid, en starkare tro, dessa
i förvandling som där bara faller sig in
befattar sig med anletsdrag, en
varje sin nummerlapp mot bröstkorgen
en vandringsstig av regn köld sol
och vind, en identifiering när inunder
himmelen mot marken, dom mot
marken inunder himmelen, allting som
kanske var då och som när inte är, nu

# PROFILERAD OORDNING

Retuschering hur dom ständiga drivhjulen
de genomgående för att få överräcka
när gjord i kopior ETC s
slags inriktning med då letat bland gånger
blir formbar till begrepp, kunde klistra
över med beteende,
                    gissel och ur ett
tomrummets dignitet, en magisk känsla
vid själva genomförandet när flyter upp
som via sprickor för heta lavaströmmar,
– bli påkallad nåt ombud utsläppt till
spekulation där varje aning utav hur fick
förvalta som ämne,
dom intuitivt att matchats vid att
kunna registrera parallellt med alla dom
i en samverkan, bakteriefloran och
i kretslopp pålagda likt röster av dramatik
när uppförda till retroaktiva
scenformation eventuellt hur skissat på
naturligt tilldragande upplagor
till att vidarebefordra för den pådrivande
fortplantningslusten
              – en frågeställning och aldrig
nånsin tycks sina som, outforskat djup

# SVAVELDOFT UR HELVETET

Merparten av tid, kunde vara om rädsla för
allt som drog fram i ljuset till ens framsida
och vad som kunde
              ha varit dess baksida, kanske
bara inställda åt annorlunda destinationer
– vara i varandet med
dom villkorslösa i kedjereaktion, att något
oberoende av allt annat, så väl likgiltighet
som om ens orkat bry sig,
typ mer
föranledd till i utmaning, projiceras med
ihållande känslan, det hela tiden påfyllda
med i svartbläck mot glansfuktiga
              blankblad eller
hur balansera
på en vilopuls, ett bråddjupt rum medan
darrningen från skredliknande jordmassor
i rörelse en flodvågs närmande när slog in
mot stränder och när har en liknelse till
gånger sammanställd kring några
sönderslagna rubriker eller som gånger du
håller en känsla kvar uti handen
vid en bitande kyla men fortfarande vid liv

# FRÖSÄCKEN OCH LIVSTYCKET

Riktat mot som gånger returneras utav eko
visar upp ett signaltecken mellan tiden
och den vakuumartade
       glasrutan
ungefär där tänjer på något optiskt format
ett rummets spänningsfjäder, nånting för
en gränsdragning höljt
alldeles vid första nuet, sådant då
typ drar från två håll när lite utanför och
när lite innanför, att en eftersträvan
letar en sin öppning och
ifall om kunde fånga in det, få
en ögonkontakt vid en frihetsvilja, andas
rymdbrus, kunde uppfattas likt av någon
knackning från en andras sida,
så att dom åtdragna
gånger släpper i sina komprimerade fogar

# HJÄRNELIEXIR OCH MAGNETSPEGLAR

Klisterfäste och det som att tillägna en kropp
samt när i betydelse av en tankes
vandring gånger tilldelad
        en sin beskärda del
monteringsbara meningar, avstjälpta ytliga
stoft, inget direkt framdukat, mer i känsla
att inlåst och upplåst, upprepningarnas
myller när både från solsken och till yrsnö
– det kluvna perspektivet, chimär,
systemet med flera genomfarter, poler
som när i dragkamp vid viljor,
en slags grammatik vid oroliga tankehänder
dom eftersökta när blir
språkligt kännbara, en passage för sinnliga
skrifter, sådana tillfällen när tillgjorda
för intima dokument,
avtäcka någons mundering för ett naket ljus

# VAD ÄR VÄSENTLIGT

Symboliken genom tidsvisiret, beräkna ett
i värde med tanke på vart landar och
kanske gånger när försökte
komma så nära som bara blir möjligt
– individuell självupprinnelse, sorts ojämn
kontrollbehärskning
            nånting om upplösta element
emotionell för både alvar och lek eller när
en sin dirigent med tonslinga och
full utav impulsiva övergångar, dom som
vid sitt koncentrat av
            kemiska paralleller, alla
dom i tanke gånger att nån rädsla inväntat
som vid skeenden när både
upptar med sina ord och sin bildväxling
typ upplöser till i reaktion full utav rekyler
genom ryggraden, dom om vartannat
likt med små ryckiga rörelser
för nån upplevd känsla, hur dom med typ
påtagliga turbulens, kunde bli ledsagad
via en starkare illusion innan byter tillbaka
till sina gamla vanliga ytor igen, det
mer som anpassade sannolikheter innan
upplöst till oskärpa utav rastlösa vindlingar

# MARKERAD VID BOKSIDOR

Skulpterad instinkt, första ytan, hur ser in
vid ett utmärkande att lägga alldeles precis
som det kunde ha passat det egna tycke
– fick röra intill känningar
           så som gånger
där betraktat en tystnad, det likt att famla
efter ljusa fläckar mot en svart botten
och när svarta fläckar mot en
ljus botten eller hur ett lovord blev skapat
ur det avlägsna i känning av så väldigt nära
den oförutsagda vätskan
fukten i bindvävnad bländande distraktion
hur tog beslut och lät sig attraheras utav
och förvandlas till
           nån starkare energi
endera gånger när knappt märkbar till att
fångas in som en oro växer till alla
dessa symboler, kunde ha textat i samma
formel, alternativt bara hur pratat vid det
som var väsende i sig själv, någon större
längtan för dom oändliga eller som
ett förväntat aldrig mer som än att titta
på en blomma, läsa sida efter sida
av ord bokstaverat med krackelerat bläck
och var fanns denna efterfrågan så stark
att utesluter aldrig magin som byggnation

# TIDSSTYCKET

Hur stod i direktkoppling med en tanke när
utgörs av alla tankar, att få känna stunden
vid det vi alltid fick känna stunden, och
om tid aldrig hade blivit öppnad som den
alltid varit öppnad, en
färdriktning samtidigt som var en motsatt
      färdriktning, precis som en
närhet fanns uti en frånvaro och frånvaro
fanns uti en närvaro, en sin
undran för en upprättad ideologi när är en
ideologi för en
      upprättad undran
endera hur en vacker ton som redan var
förbi ändå blir kvar vid det som aldrig
är förbi, att hur sådana återanvända röster
är samma röster som blir återanvända och
hur falskheten alltid kunde ha funnits
vid sanningen och sanningen i falskheten

# KONSTRUERAD ENHET

Någon åberopad avisering och hur fick en
sin riktning, en röst ur släktskapet,
någonting om vart vi befinner oss i nuet
inte bara gånger går ut och in genom
villfarelse, utan mer som att fick tillåtas
en insyn vid dom våghalsiga
för någon mer specifik riktning ungefär
dom likt dramaturger för
gladiatorspelen, en stund vid den
sinnesrubbade balansen eller en utarmad
atmosfär i rester utav begär,
alternativ bara det som att få förvalta en
livsform, bli ställd inför bilden och
vi frångår inte om den har värdighet, att
varje bemötande till att försöka en
parallell förklaring till övergripande allting
– kanske vad som var
ens svagaste punkt
att inte låta sig avledas av bristfällig
fattning, att typ nonchalera alarmerandet

# MENINGEN TITULERAR TRON

En upphittad formulering, en sinnlig gränslöshet
att få bli träffad utav ljusets rörelsesensorer
någonting i kampen om dom
långsökta svaren när i krav likt av tålamod, dom
eventuella där varje tvekan fick sin förklaring
kanske tomrummet av förlorade dagar och när
undanber sig ansvar, typ sin norm för
en tankes djupa underlag,
                meningen titulerar tron alternativt
något om saktmod efter att likt ha letat i kärlek
typ vart vi gick med hjärtat i depression
eller hur lät sig dras med vid tankar när utspritt
som frömjöl, en rikedom för dem som
måste förstå naturen, ett utan motstycke till
som bojor kunde ha öppnats och varför de inte
skulle räcka med det som givits när
blodblomman i vinden, källådrans porlande ton
kanske dom egna skisserna på, vid det
område att fick sin alldeles egna prägel och
när vartendaste lilla utrymme kunde ha sin själ

# UTSTRÄCKT KAOS

Instans det som ett tillvägagångsätt för töjbar
tro, sitt känslorum, en framåtanda, kanske en
girighet att få beträda vid några inväntade
göromål när i cirkulation av
        nätter och dagar och hur
kunde skapa sig ett alldeles eget perspektiv
– vidga till att förflyttas som
ett mellanting av gånger
där grästuvor sticker upp intill rälsfogar
kring sådant distanserat ur nån modifikation
en förbrukad scen, ett återbesök
vid dom nära bortglömda tillsammans med
levnadsvanor, de i innehåll för ansvar jämte
riskbedömning när tillåtna gränserna, en
ståndpunkt för dom egna förutsättningarna
och mot det vi kunde begära
som en djupare förlitan på alternativt allting
samlat till det kompakta egot, dom
eventuell sista bilder av kvinnokroppen som
när fanns i konstverket
och i föreställande av det oändliga
där lika förutseende till att
kunna fascineras alla former kring kroppsläge

# SÅ MÅNGA OEGENTLIGHETER

Vilka var dom som lyssnat på utropen och vart
är det nånstans där dom fångas in, att kanske
likt mer av ett tema, ett ämne för den
oåtkomliga sidan, typ ett sjukt regelverk och
vad vi gör vid det i fortsättningen, investera åt
allting består utav,
       hur kunde läggas på hög
uti dom eviga utrymmen som där utlovad till
att bli uppfyllt av liv, endera ignorera,
aldrig bry sig om tunga ansvar eller ifall om
den där tron är
       konstruerad trovärdigt, också
nånting om den immuna själen, att kanske de
mer som den övertrakasserade jorden
och när fanns för oss alla något för dess ära
men mest likt den mörka svarta natten
i sitt dagsljus, i sitt som där kunde ha stått likt
som i skuld till någon
       uppdragsgivare och om konstruerad
trovärdig och ifall fanns, den immuna själen

# BINDNINGAR I FRAMFÖRHÅLLNING

Mental överföring, hur indikerat på innehållet
en varje beståndsdel så som inordnande i
majoritet för några varseblivna ögonblick
– att dom eventuella kring varje individuell
dramatik, någon djupare avsats för alltmer
förekommande likt språklig rymd
– en förbryllande tankeverksamhet, fantasin
gånger utan fästanordning, en
förflyttning vid samma nätverk som
seriekopplade bilder då maniskt överförbara
varje att likna vid acklimatiserad fukt till i
återanvändning, en kärnfråga
vid samma primitiva strömning att inget fick
passera obemärkt, kunde ha varit något
för sådana med obarmhärtiga svar av tidlösa
ankomster, fick en känning i behållning
när full utav tillstånd vid att där vi är nu, typ
det mesta att kunna omges utav sitt själv
när om vartannat griper i taget om, släpper
i taget om, kryper in vid och kryper ut ur alla
dessa samtidiga som den vita kölden och
den väldiga hettan och svala källvattnet när
alldeles intill munnen eller när
några höstfärger på träden innan mörkren
förmörkar och dom tysta orden när liktydigt
med likgiltighet, endera bara gånger lägger
en sockerbit uti kaffekoppen medan rör om

# SITT ARMOD

Att blev kanske inte så som vi tänkt oss, att
typ inte tillräckligt kreativt skärpt
och ifall om kunde tillvarata ett förtroende
vi fick tillsammans
        vid något temperament, att
bli inrymd vid likt systematiskt inordnat till
nätverk och när fanns inte uti tanken på
att ge upp den när allt annat än blir berikad
av kärlek, det eviga förädlandet, endera
bara lite ur behjälpligt, försöker inom någon
djupare tanke i avstånd
        att ingenting utan utmaning
en skarpsinnigare syn på dom gånger inom
sådana handlingar där samlat ihop till
en betydande kraftansträngning för att inte
hamna ohjälpligt sist vid alla
dessa traumatiska av mänskliga värden
att vi bara var gjorda sådana
en stulen energi, en tappad där allt utav tro

# DOM SALIGAS ÄRENDE

En företrädare, inte vem som helst utan mer
när en spricka vid definitioner, kunde ha
rört alldeles intill tanken,
      ett frågetecknets yta
den livförda postiljonen, kunde flykta mellan
samtidigt som vid dom omedvetna, orubbliga
för förståelse, att som en hållhake kring dom
full utav prövotillstånd, varje när parallellt vid
      egendomliga liknelsen,
tidtagarur och livsrespons
– en färdväg till våra skälvande strängar
medan strömma av liv eller allting för någons
rikedom att samla ihop likt av sina tysta
minnesstrukturer, att det som en stund intill
våra sköra klirrande glas
hur ett vinets längtan gånger förmår
att lyfter dom sinnliga från en lägsta nivå till
med utsikt över ett bergets allra högsta topp
endera bara hur vi stod
intill en vacker flodbank där vi inväntat på typ
någon svarskod som när fåglar i formation
speglat dom vi bar på när en starkare
påminnelse om och just vid doften av himmel

# BESKÅDA ELLER AGERA

Ämne för en omformulerad mening, kanske
en bekräftelse vi behöver, ifall identisk med
tillhörande när blir placerat för att kunna
göra tillvaron, en livsföring
       som kring en stilstudie
vad en glädje eller åverkan på annat sätt än
det inordnat sin kännedom
om egna tillkomsten
det likt att placera en rätt personkemi, nära
som stjärnor också har
en födelse endera
varje gång att viljor kunde ha distraheras av
längtan för en gemensam källa inklusive en
oro som när skeppet kränger, hav och vind
när ligger uti som likt åt ett erbjudande,
ett i mötet av stormars signalsubstans
med sina skrik efter, kanske att beskåda
eller att agera som ett bottenbud då köpslog
om tro som syfte kring bärkraft genom egna
tyngder, urskiljer vid nån
       förväntan likt ett blänke
ur kontrastvätskan till ett förkroppsligandes

# MENTAL PARTITUR

När kunde vara behov av minsta lilla bekräftelse
ett sitt tomrum av röster, den ogenomträngliga
massan för att räcka över en tystnad, bestod
utav nånting sammansatt av allting och när
i sin avsikt, typ överallt intill varande skeenden
           – dom stora krafterna när
leker en stund vid kompassnålen,alltid varifrån
utspelar sig, inbegriper dom tvivelaktiga
för utsagor
våra obestämda åtaganden
           slags konklusion hemlighet
verifiera till övertygelse, tillåtelse till mänskliga
systemet, nyckelvredet varifrån den upplåsta
materian dom existentiella när sprider ut sig vid
förarlösa partiklar, syndande undersåtar, dom
som kunde ändra form efter varje uppdrag
att bar på villkorslösa predikningar etc.
hur tidsutrymmet, den totala volymen till allt
som vi aldrig nånsin kunde falla utanför skeendet

# OMFATTANDE DIGNITET

Att vid det här när fullt av som kunde lysa genom
eftersom mörkret blir ljuset och ljuset blir mörkret
så väl som framsida som baksida, hur objektet
utan att vara objektiv, mesta av våra egna instinkt
väckt utav några djupare tillrop
            – någonting som kunde uppstå
utan att uppstå, bara känna
nåns totala dominans
en tanke som var en tanke till att studera exempel
som aldrig var några exempel
– livselixirets vara typ så som fråga är svaret och
där svaret är frågan, ifall om kanske
verkligheten var en illusion och illusion verklighet
– ingenting som består av allt och allt som
består av ingenting det samtidigt som vi reser uti
ett stillastående och vi blir i stillastående medan
vi reser, en större volym utan volym, att ingenting
kunde spillas utanför som inget kunde spillas
utanför, hur det meningslösa förnuftet, förnuftet
som alltid förblir meningslöst
– bara hur frågan är svaret och svaret är frågan

# SINNLIGA HÖLJET

Om några gjorda spår efter att ha bildats i
tankegångars avtryck, spontana stadier
gånger blir försedd med
             kommunikation, dom
full utav info, indränkta av likt sina djupa
underrättelsekällor
etcetera kunde frångå en stund för dom i
innehåll med sådant till försök till, typ fick
avläsa för ett tiden åverkan
hade färdats mellan full utav individuella
passager, hur alla dessa blåaktiga när
blir inrymd en glasblåsares sköra andetag
så vidgas för oändliga rymder
kanske själv förnimmer, hur spekulativa
tanken gånger när förutom ingivelse
sådant förenat vid den starka lusten
– alternativt bara kring nån panikhandling
kunde gripas av otröstligt
ville tränga sig ur den innersta volymen
likt en utstrålning för en svagare synlighet,
tappa bort sig själv av vilda vingar
i horisonter där alla särskilda tankar ligger
som adapterade skrifter åt den inväntade
groddbädden, en spricka vid jorden
och när den av gemensamma
doft som är marken och som är himmelen

# ORDINÄR TID

Bräckliga egenskaper, kunde ha varit
lite för enkelt för att ta sig an dom
svåra outgrundlig för
       meningslösa meningar
när utan garantier alltid oförutsedd
för dom tankar som blev stående
vid ett stillnat avstånd
genom ett ögats rymd när ser på oss
lyssnar på oss
med oregelbundna hjärtslag innan
likt talar djupt som att bli
träffad utav tystnad, dom nästintill
obefintliga till att trotsa
för ett stetoskopets röst, en sval
kastvind, ett löv som brinner i sina
nervbanor, sina återvändande
likt en beröring av ett annat slag, hur
den stenlagda trappan när står
en gammal man och vinkar likt som i
en tankegång åt barnen
och när lite senare mot aftonen
när kyrkklockor ringer så egendomligt

# DOM MEDHAVDA

Om alla anspråkslösa förorden, ett mått på
personliga delen, alla gånger som att
dom i sitt sinnestillstånd bestämmer, att
inga onödiga ramavtal eller där det mesta
kring bokstäver i kaos, eller
en vetskap om där endast lever en stund
intill det, kanske ett vågat beslut
tankeförströelse, envisa ekon, dom enkla
medan ett tidvatten kommer och går
                    – ett mått på livslusten
bli erövrad och förlorad, kunde likt från
skrifter när andas
                    genom porer
vara som en kärlek genom kranskärlen
fick ta fram det i ljuset så inte
rädslan med optiska tunnelseendet gånger
så som nuet blir smalt och när vi måste
vara närvarande, att ingen förspilla av, tid

# SINA FÖRUTSPÅDDA

Själslig referens, predikningar, entréer och
under exponering som utav nån metafysik
hur en regleringsmekanism kunde vara
rörelser vi uppfattar långt före
innan vi beträder dom
　　　　　– ett aningarnas passage
endera alltmedan gånger faller in vid sin
kontext, varje av någon sin del av
när evolution för en strävan, ett sitt tillfälle
till att fick skönja dom flyktiga som
när en varje tanke
　　　　　　kunde växa till en djup
personlighet eller medan dom i känsla av
där stod på sidan om och
att när sträcker sig efter dom i jämförelse
med när endast
som uti en bråkdel av sådant att kännbart
inför alla dessa enorma väldigheter
och där alla dom små flöden när leker
mellan stenar, kanske att ingenting
av dom självklara, mer typ repetera alla vid
sin betydelse för känslor
eller någon motsats till när i den vanskliga
proceduren, att en och annan tappad vilja
det som att bli försedd med hinder,
typ samma som händer vid upprepning av
bilder, hur kunde sitta en stund vid sin
tysta eldstad med
i sken av lysande flammor i sina, ansikten

# BLODFÖRSKYLLAN

Aspekter ur gamla tyngder, rusande partiklar
några nedpackade med dem som
inte längre har med det här att göra, när blir
kännbar som en jublande blommas ankomst
under natten, en sin tanke på som där
avstånden blivit alldeles för långt från för att
likt en inledningsfas till att intill själva ytan
och gånger när kunde se in i väldigt djupt
etc. som uti en tanke för en ödslighet endera
som gamla röster hörs genom
förslutna rum, nånting i betydelse av hur vi
ställer in oss i riktning för sådana att i
innehåll likt små svävandes utav rymder med
typ resor ungefär där skulle ta sig an
tillsammans med ungefär som där tog en dag
i taget, en sin del av en stunds upplyst mörker
endera hur just hade vaknat och ljuset
hade kommit tillbaka från gånger när likt
en större längtan kunde bete sig så konstigt
typ info av någon lekfullhet och så
att fönster när kunde bli full utav fuktig imma

# OMFATTNING FÖR ESTETIK

En egna skapad gestaltning, känna syrebruset
för en ton ur en vacker morgonpsalm
långt bort i horisontryggen, dom eventuella
av där allting rekryterat åt självbilden
       – samtlig medan pågick
några spektakulära mötesplatser, små
rytmiska och orytmiska rörelser genom själva
ledningscentralen, hur vågor kysser stranden
– kunde vara rädd för
att tappa kontrollen över, bli bortkopplad från
sinnliga ljusstyrkan
typ övermannad av tillfälliga bångstyrda
skuggliknande rubriker, köpslå om ett rop för
liv, det som ett avlägset fosterljud på väg mot
       genom glasmontrarna
en omkrets för observatoriet innan spricker
och allt blir synligt, den röda signalvävnad när
brinner likt av gåtor kring beteenden och
gånger leker vid
       organiska bindemedel
ett missat samtal som passerat, endera som
hur det fortfarande fanns tid kvar,
det eviga av att ta isär och sätta ihop likt nån
som just i övergående efter att ha
mynnat ut i en stund när allt i himmelsblått

# ÄMNESOMSÄTTNING

En första bildruta, koncentrat av grundvalar
en introduktion när i djupet av en rörelse
direkt ur bottensedimentet, bottendjupet
och det som att utveckla simfenor och gälar
innovation för innehåll av
alla tillstånd
administratör alltmedan
             som åtgången av tid
endera hur kunde ingå med likt en inblick i
medan fostret alltjämt kvar inuti
En förlupen tankes efterverkan typ resultat
där två kroppar och
             när dom livförda rockaderna
eller som en varje dygnsuppkoppling för ett
i rymd av medial plågoande, en varje
sekundvisare, timvisare, varifrån att inget
annat än att fick ta det precis som det var
en variant för sinnesförvirring
sin mediala plågoande
två kroppar för dom livförda rockaderna

# CENTRERAT OMLOPP

Kunde vara ett alltmedan en klockans
visare snurrat kring ett med sitt språk
för dom omedvetna, det som
en vakande oro när vandrat fram och
tillbaka utan någon som helst vetskap
om händelser som
        inväntande för
någon åtkomst,
typ mer utav ett slutet system, varje
en sin tanke för en närmare
att kunna bli berörd av, ett mänskligt
gränsvärde, nånting överräckt
utan ord
att när inte mer än en svag aning om
        – att aldrig mer än
en svag aning om
hur kunde försöka klamra sig fast vid
gånger blir gripen av plötsliga insikten
ungefär där ens kemi svajar,
allting blev uppstannat likt av någon
gammal gnisslande grind för ett
minnesrum, en källas sista krusning
för en annorlunda vind, en djupare
tanke fast etsat med stockrosor intill
husknut och blåklint så långt ögat når
        eller bara det som när
inte mer än en svag aning om
– att aldrig mer än en svag aning om

# TÄNKTE SPARA DOM

Bli initiativtagare till som är en ny resa, dom
innan rummet upptas av
                 och du är placerad där
fortfar som vid tro på upprinnelse åt varelse
endera bara hur an bekommer på annat,
pendylgången mellan sömnen och till att få
som en stark kännedom om,
hur den mentala
genomströmningen innan urskiljande utav
outtömligt för det med
                 dom egensinniga längs in
genom brevinkastet och bottenskrapet eller
hur fortfarande kunde vara doft av lite natt
koncentrat efter fuktiga gatstenar
som blänkte och dom känslomässiga när
inte fanns nån invändning mot alls,
bara ett hur som helst likt för alldeles vanligt
möte när rummet som
                 uti en djup gäspning
medan en sin väntan på ett sitt, morgon bitti
typ titta på en soluppgång, en verklig stjärna

# ALLA DESSA SÄRPRÄGLADE

Att kunde ha varit nån beskrivning på hur
försätter sig uti ett tillstånd av som att bli
involverat vid tidsschema
typ vad som kunde
rymmas omedvetna likt av en dold resurs
medan i väntan på att tiden var mogen
– bli ställd mellan två ytor till att
försöka räta ut meningsskiljaktigheter
endera vad som var naturligt för likt ett i
sitt format kring den
livslevande skärmbilden
svårigheten att stanna till, vända blad
tänka på annat, sådant gånger när
fortfarande med stämning genom som
efter att ha fallit och fallit mellan en
dignitet och spännvidd, alla dom mellan
alla sina våningsplan och medan alla
dessa eventuella
i retroaktiva förbiflimrande uttryck typ
armar och händer, en sin rädsla intill
vid själva brottytan eller
bara som dom gånger,
som uti ögon med fåglar i vattenblänke

# SINNESRUBRIK

Tidsenligt, som om det vore nånting vid
gånger såg genom ett tungt mörker
– dom eventuella av hur några tankar i
       innehåll av ämne
endera att ibland kunde bli synligt för
en ljusöppning, slags tema, jämförbar
med likt där i föremål för gudars kamp
och att när lite mer än bara enkelhet
även gånger när inträffat för
en sin debut
       kanske när i behov av
handräckning, sin början till att gå i lära
ett helt annat språk, dom översatt till
antingen likt i kostnad för att tordas ett
       vågat växelspel
för smärta eller hur fick triumfera med
genom lufthav och sina fria höga vingar
eller som när ibland blir besatt utav
sinnesyrsel precis som danstokiga vindar

# RUMSLIGA LEDNINGSCENTRALER

Ombytta moment, sina relaterade kriterier
ett sitt första steg till att våga vara
kunde ha fått bevittna gånger rumsterar i
      nakna företeelser
det som ett budskap printat genom nån
erotisk blomma, en egenartad författning
med när i särskild ställning, dom
vid en sin datum markering för i vänta på
hur fick vidkännas, typ som info,
utav alldeles nydanade vindar eller bli
ertappad vid väldiga kvarnhjulet, typ dom
som fördelar sådant att blir full
      med innerliga ekon,
ett något för den
upproriska blodyran, rymdes gånger likt av
alldeles för upphetsat när i närvaro gjorda
åt det stilla lugnet, en större
längtan när den sinnliga ledningscentralen
blir dramatiserad som måltavla,
stå uti en oro för dom gånger antingen eller
som användningsområde när reser ut på
den öppna floden med sina brinnande segel

# EN KLOCKA FÖR AGENDOR

Ett panikdrag, moraliska betingelser, kapital
och när avbeväpnat med sitt väsen
en sida ur dom likt för egensinniga profetior
– öppna en tystnad på
                initiativ genom
rå fukten, släpper in ljus där blivit full utav
mörkerkänning, varje
innehåll när resans kappsäck, trolleriet med
allting när inhyst vid tid
– referenspunkt för en fribiljett
lite närmare en gud, sina mänskliga värden
– ett maktspel i bekostnad av missgynnaren
alla dessa med tvångförsatta
föreställandes befruktningsscener, alla
typer i variation av livscykler, vissas ideal för
sina agendor eller en förljugen konsekvens
i förtydligande av akter, ett kondenserat
collage där likt återacklimaticerat för
molnflykter eller bara det som en kärlek när
utan mättnadskänsla, nånting om hur
skuggor kunde vara böjlig, alternativt ett
maktspel, den kommersiella penningpungen

# EN SPRICKA I NATTRUMMET

Uppställda till motiv, konsulterat vid
med psykologiska trycksvärtor, ett
mer som potentiell växtkraft,
hur dom vid i variation likt utav en
sinnenas djupa ton för ett och annat
musikstycke alla gånger typ
kunde använda både svart som vita
tangenter, endera att
        bara ett sitt möte vid
den övermäktiga bönen, att kunna
ha blivit försedd med
sådant att ställa mot sina
förpliktelser, typ etik och sådana när
sanningsenliga, och utan att ha
korsade fingrar bakom ryggen
        – besegra sig själv
ignorera sådant agnad med lockelse
en sin känsloinriktning
dom gemensamma för i trohetslöfte
en kärlekens stora rikedom, det
som en upphöjd plats åt hedern,
det klanderfria för en mental partitur

# NAMLÖSA HABITAT

Originella montage, renommé, illustration
för detaljer, som några årstider innan
sluter sig kring allt i djup vila, drogs ihop
till i nollpunkt, en stund i riktning
befriat från ytterligare av olycksaliga utav
dom att kunna ingå en stunds
förvirrande, eller kunde ha uppstått
ur ett sitt tysta mellanrum
– det som vidrör den vanskliga ängslan
eller som ett hjärta kunde ha saktat ner
ligga alldeles på gränsen till
sömn och vakenhet innan blodströmmen
med känningar långt in i som bara det
i djup tystnad när blir full utav osynliga
händer och ögon, slags intelligens
modifierat utav sig själv, samma som nån
naturlag gör antydningar om när blir
utkrupen ur sitt gömställe, väcks utav
den skälvande strängen
         när blir blottat åt
själva livet, en nyupprättad teaterscen
och sin rekvisita för alla dom ständiga av
när i arrangemang kring, sädesavgångar

# ÖVERGÅENDE ALLTING

En instabil tystnad, hur kylan släpper om
för den blockerade saven, att det mesta
när vid en sin början och
        när allting så oskyldigt
Hur kunde fått sätta nytt liv vid den
sönderfördelade mening, alla i realitet
vid när skrivet med magi
hur en djupare känning vid dom
ändamålsenliga likt aningar när något
mer än att bara bemöda sig
– se rakt in i den respektfulla kraften
och när säger något om sådant att blir
        uppväckt ur oroliga stiltjen
en fribiljett till få gå in vid en sin stund
känna mot reglemente för den
kännbara betingelse, en klarare tanke
för alla dom i avstånd till
inför sina åldersstreck som när bar på
nån trötthet ju närmare man kommer
dom av obligatorisk skiftesgång eller så
som ljus sträcker sig över mörker
och som mörker sträcker sig över ljus

# NOVIS

Titulera vid nervcentra, allmän tillhörighet
dilemma och originalet, en djup känning
för en självbild, kanske utvärdera
resterande av rester,
                några abstrakta tankar
när blir uppbyggda invändigt, eller gånger
i rymd av ett förskingrat språk
nånting om dom utlovade fristerna
ett förkunnade för när lika specifikt som
oförutsägbara vittringar, nånting liggandes
likt en odetonerad vilja,
typ fick avlägsna en farlig plombering
bara för det som kunna få komma nån vart
– info av medial mening så som
vi bestod utav själva tanken till meningen
ett ord i tyngd att kunna välta sanningar, få
uppdämda fördämningar att brista
allting av alla dom att kunna reflektera
tillbaka ur sina
skärvor och till att bli lamslagen i villfarelse

# SUPRALEDARE

Typ i bestånd av egenskap, som allt med
en sin tanke på med stor andel
i allting, en position det första avståndet
som utpost och röd signalvävnad
några av sina alla återkommande texter
där dom blir länkade genom där fick
upprätta som för ett förbindelsemönster
och tillbringa uti nån gemensam tanke
            manual för känsloberöring
och alla gånger kunde låta det lysa naket
som ett
            oredigerat telegram, hur
kunde omdefinieras som fråga eller när
uppstannat vid format likt en
invärtes alarmering för ett atmosfäriskt
klimax, en slutförd tongång för en
någon lustbetonad avrinning, när kanske
övergående som beteende, hur dom
sinnliga för en borttappad kod, att som
nyckelknippan med alla, tillgängligheter

# OBJEKTERING

Biologiska samtal när begränsat som kring
livsrötter, kanske just utkrupen ur
själva nervknuten, endera bara gånger sitt
                visningsexemplar, sådant
att om kunde få lite överseende med, och
varför vi skulle bosätta oss i våra kroppar
ett tema till att kunna se genom en
psykotisk grumlig bild, något att ta som i
främmande föremål innan
                typ känner igen sig själv, en
penetrerad hinna för rå stycket som vänta ,
det som ett bakomvarande innan blir
till ett framförvarande, endera bara gånger
intog sin plats med alla materialistiska
ansikten, en stark känning kring några utav
sina egna initiativ,
                kanske hur en auras färger
en kvarlämnad bild likt en käraste ägodel
eller bara så som en gammal cykel kunde
stått lutat mot en känslornas
                tysta husvägg med
nummerplåt kvar på rostiga bakskärmen

# ÅTERANVÄNDA RADER

Transparent porträtt med ticktack ljud i
bröstkorgen, där de oändliga i rymd av
när som från en tanke
        och till en annan tanke
rummet för det själsliga knytet, en sin
textrad för den förrädiska ytan, det
mer än att bara sätta fingret likt ett på
i måfå mot en organisk karta
– blidka utrymme till en andning,
steg in vid för en sin datummarkering
grundutbud för betänkligheter, en
varje sin in väntan på att fick vidkänna
ett stort mysterium
när alldeles för djup till att kunna nå
genom till att framhäva svar
– ge utslag på osannolika makten
den elektriska genomströmning som i
fascination av det
        verkliga konstverket
att fick känna pulsar, bli manad till fullt
ut utav gärningar, några mänskliga
klichéer när lite mer än komplexa
ursprung, eller bara dessa gånger gick
på stigen genom skogen och likt på
håll få känna en doft av hav, släppa lös
som om tron på när fanns annat, mot
den andra sidan, en plats vi förflyttar
oss i, medan låter skena iväg en stund

# DUBBLA TRYCKSAKER

Manus åt förordning, förvaltandet utav
dom förevigade till att tillåtas en
betänklighet, kunde ha kringgått några
som kring evolutionsteorin
– en sökande närhet för
allting vi, eller gånger kunde utesluta
inför nån manipulation, dom
inom en viss rörlighet i utbyte mot en
fantasi, nånting om
              den oroliga innehavaren
att en bit utav en sin levnadstråd när
vid fragment kring skrifter, ett
blodets röst och kanske i vart fall som
ett försök till tro, typ att inkludera vid
              sedlighet endera
bara som tankar
när blir inneslutna med nån
frekvent bildyta, en skådespelartalang
en självanalys åt det
              som skulle ha kunnat vara
så annorlunda till skillnad från det här

# UTBYTE AV RINGSIGNAL

Den bildsköna, varannan att markera med
prövad och oprövad, behålla eller slänga
till att befrukta med bokstäver
endera det eventuella av nånting inunder
liggande för alla dom
   för könsmogna ringsignaler
kanske att alla dessa gånger
då likt på vardera sida om varandra eller
varje av full utav onumrerade sidor
för att kunna ingjuta nytt
kunde vara slags förtäckt sanning, även
sådana att med blankslag efter blankslag
hur typ bokstäverna när steril igen
fick leva på katalogiserade minnen
– det som ett hemligt recept på något i
praxis för illusion
framträdde som en belånad upphetsning

# ALSTRA STRÖMNINGSLJUS

Tidsreferens som en dag med kristaller från
glittrande snö, ett tillfälle
grundat på gånger inom en annan nivå
att kanske tillrättalagda för alla de livförda
med rätten till dom med allt innehåll
vi bar omkring på
        kanske hur mest nånting ur
våra egna kännetecken, ekolodet gånger
när kommer upp till ytan
fastställa när baserat som i töjbara ringar
på vattnet när bildats till alla slags
effekter likt från en stund
        alltmedan tidlösa armaturen
eller iskylan från den blå lågan, att när en
känsla mot alla odds
att hur något diskret in undanhållet
med anledning som en ömmande punkt
kärlek för ett opolerat språk
endera där alla
dom inprogrammerat för gånger ligger uti
en sin frihetens tanke, flyktande
höstfåglar och medan kor och hästar betat
på som vanligt samtidigt som
en hund kunde springa genom rummet

# LUFTBUBBLOR SOM KUVÖS

Ödslighet, något övergivet för tankar
– en milstolpe i koncentrat
kunde bära spår utav minutiöst
sökande, en bildruta varifrån gånger
anländer och utgår, en fartblind
känning där fukthinnan genom dom
levande rummen
        ett kreativt språk
en scen ur varje fönsterruta till ett
hundravånings hus alltmedan som
allting bara faller och faller i
tyngders färd genom atmosfärer
eller att bli attackerat gånger, att
som en sista ljusspringa
när löper längs
en rumskammar dörr, att stå helt
helt oförberedd inför sånt av
egendomligt inpassade endera
Okontrollerbar, alla illvilliga, rörelser

# ENTRE FÖR RUMSPREDIKAN

Överläggning vid sig själv och att ungefär
så uppriktigt som bara möjligt
att kanske mer som funnits någon ojämn
kamp mellan en himmel och sig själv
– typ ge sken av när
        likt av en spegelglans,
de otydliga för en djupare dimension när
mitt bland oss, en insläppt insyn
för artikulerat vansinne, alla dom
utspridda till att kunna skugga solljus eller
som uti en livsscen gånger kunde bli
inställt på grund av tilltro, samvete
och när fasthakat vid så inte kunde undgå
sig själv, i information kring en
reseskildring, sådant att
när ser genom så uppriktigt
        som bara möjligt eller bara
hur döden kunde vara en jävla, bråkstake

# EN BILDRUTA AV FUKTIGA ANDETAG

En varje början och ingenting till att utesluta
bara när blir fullt utav överallt med
till att tillkännage det ungefär som gånger
kunde haft skriftliga röster för sånt att när
går ut och in genom en dag vid
självömkan, klenmodets oförmåga,den
nakna utsikten, en sin förödande vision kring
        som en bildruta när blir
full utav fuktiga andetag, nånting på samlat
och modellerat för våra dyra diagnoser
gånger vi sjunker och sjunker
        likt av ett bottensänke
eller hur kunde ha saknat ett utstakat med
hänvisning till som kring ett förtydligande för
dom många oegentligheter och med när
benägna till eftertraktad av som att leka vid
elden, typ effekter av livsrymd
– vad som kunde vara som en viskning ur
några tomma ekon ur den tysta frånvaron
en slutsumma för alla övertrasserade konton
att reduceras till ingenting,
        det med distans till för
mörka avstånd mellan stumma stjärnor och
sig själv, och vad är ett ingenting när
det av mastodonts tunga
mörker när fattas både, strand och horisont

# LIVSANSAMLINGAR

Källkod, nånting specifikt besläktad med
som individ, hur fick bli, sorts utrymme
och när tillfälle ges till att få bläddra
vid sina agendor
            spårämne för en bruten
försegling, typ stå inför en sin förväntan
en gåva till livsmening
varje sin bildning till tomma rader, sina
olästa med ännu ifyllda av bokstaverat i
vacker ordningsföljd
slags prognos för alla ännu ofördärvad av
sina årstidsskikt sina gånger kunde bli
vittne till några av sina emotionella
fallgropar, innehåll för dygder,
endera mer som där ställer frågor, sitta
intill ett omdöme
            mängden av oss själva, när
mer som åt en mognadsfas, och när mer
som opretentiöst leverne att hur kunde
ta några oanade riktningar, typ
systematisk sätta på prov, fånga in sådana
i proportion för beteendemönster när
både jämt och ojämnt fördelat
kanske en volym för en sista slängkyss
mot det vackra ljuset, endera bara
allt när blir i perspektiv av berättelseform

# DÄR DAGAS

Där dagas, själsligt observerbar
att en sin stund utav börd, en
introduktion som
      till självinsikt
den eventuella vid gånger likt
för en blandning av saktmod
och kanske att i sin allra första
nakna betänklighet
– hur kunde bli
avbruten mitt uti en oerfaren
känsla, det som gånger att
behöva beröras vid utanför sina
sköraste gränser, det som
      ett mitt uti
ett utdrag ur som en förstelnad
rörelse, själva
      budskapet när
stiger över den vita sockeln för
ett främmande språk, typ
tordas klättra
över med egna gjorda tillstånd

# PARALLELLT JÄMFÖRBARA

Vad är det som pågår, vem är det som
i förberedelse till det här och när
inga svar, aldrig några svar
mer som i uppbyggnation av instabila
förgrenad i förädlingskonstens värde
eller kanske bara gånger där
råkade bli inblandad vid i känslornas
djupa område, fick dom via
likt för en kännedom om sådana
parallellt jämförbara vid det naturliga
kring tankar och gånger
kunde ha letat bland
                djupt psykotiska svackor
det mesta under dess tid där pågår
– agera vid tröttheten
allting då måste få komma ut ur nån
förtäckt tystnad, en oro som
behövs för att väcka en pendel till liv
allt när bidrar till förväntningar
etc. några följder utav misslyckande
blir liggandes med skrubbsår i själen

# FORMALITET

Påbjuden en tankerymd, utformat som där
samlat på sig till i konstruktion med
själva föreställandet när blir gjord i mening
knappt skäl till att ens överväga
en förälskad vana, ungefär så som havet
och när själva farkosten
att nånting om vad det gör vid sinnena
att skapad ett info, som kring ett
aktiverat för lust till att kunde få tillämpa
likt vid nån rent spontant tillfälle
– som upptäckten av sådant att legat dolt
en ansamling av längtan när ville få
komma ut och vad ingen
visste om reserverat för ogrundat uttänkt
oförutsagda ändamål
hur kunde tilltala genom
          olika språkbarriärer
en förbjuden kunskap ett stilinriktat motiv
sina fingerlekar och blålera eller
när i efterdyning kring stormars gärningar
som ögon med ljuset splittrat i
hela glansen som förunderligt, panorama

# MOLNLINNET

Att vad bekommer dom som alltid var
inrymd vid osäkerheter, kunde ha
inverkan på mentalt kapital
själva utsikten med förvirring och när
en bevittnad närvaro, att få bli
ståendes som där rädslor överväger
alltmedan alla dessa
till att inkludera med förevändningar
          alla av eventuella intressen
typ saknad för ett känslofattigt språk
– den självvalda uppgörelsen
och kanske gånger där
dom friska och dom sjuka i sin kamp
om likt till att rubba
intill grundvalar, individuella principer
ett utraderat för tillgängliga besked
endera bara hur kunde när
aldrig riskfritt, hur dom syrefattiga
när likt tilltäppta för ett åtstramat rum
såg genom en svag ljusstrimma
och vallmoblodet och när lite längre
bort med självvalda uppgörelsen
– tankar när överväger
med molnlinnet svepandes över innan
uppslukas utav dom för eviga, svaren

# INITIALT MASSA BOKSTÄVER

Kunde vara nåt avmagnetiserat bildflöde
det som får bli på villkor av sig själv
typ när lite mer än att
             avaktivera en tanke
mest ett vid betydelse kring sina egna
skulpterade meningar, att
några med sina återanknutna tidpunkter
slags praktiserat
             för en känsla vid tiden för
tillhörighet och något mänskligt rollspel
– det systematiska djuplodet typ
sådana att i frågeställning liggandes
på hög, reflektera gensvar eller de som
att öppna dörrar till gamla rum
bli kännbar för en skör ytspänning, att en
stunds varande medan passas in vid
speciell avspegling endera bara helt utan
förklaring, ett inramat kring dom
i behållning till att våga se in i när vid
minsta detalj, tron för en förnyad kraft
och näring, fick sträcka sig genom
det livslevande tidtagaruret, det som en
varje sin början på allas tomma kapitel
innan massa av bokstäver
             med dom nerskrivna till att
bli belevad, fick stå intill alla tillgängliga

# STÄMD VID BLODET

Oktavers djup som ord försiktigt framlagt
ibland nersänkt för att kunna nå längre in
– att fick andas varje kännedom om
så kunde ta med oss genom tangenterna
kring en närhet, en minnesbild, ett
tonspråk av längtanskraft när blir förtöjd
mellan kanske som en stormvågs
temperament, ett rum till en världsbild
syret när stiger i form av
ett pianostycke för bländande segel
endera ett ödets symfoni, en
oförutsägbarhet, en smärta, en stillnad
röst, något om det
                kalla rummet
ett varsel, de plötsliga av gånger en tanke
blir stillastående, något när blir
bortryckt ur sina som när en morgondag
kunde ge vika för, det som var en stunds
infångat lekande ljus när passeras mellan
alla sina gryningar, kvällningar och
så som också fyrar brinner och, slocknar

# SKÄLIGEN SITT URSPRUNG

Besegrad, kunde vara som att övermannas
utav en stark förvägran, sin födelse och
att kanske något om hur redan iscensatta
som personlighetsdrag, ett i sin egenskap
till att få bli beprövat åt att förvalta
för att tro på och
        skäligen sitt ursprung
vad som kunde överbrygga känslor
en kontrollbehärskning, nånting att låg på
sparlåga och viljor involverat, det
likt rädslor för oförlöst, kunde undanbe
sig det mesta, bara något undantaget
för så som synder också kunde
ha fått en sin avbild
dom reglerad med sköra fördämningar att
kunde brista när som helst
och kunde älska när som helst, inspektera
djupa sanningar, ett varje vittnesbås till att
fick överblicka, göra avkall på
        – driva omkring statuslös, lägga
huvudet mot en sten, typ se på himmelen

# VARNINGSLJUS

Tillfällets egocentriska tanke, ett okets etik
något i övrigt till att inkludera
vid samtliga frågeställningar när full utav
ursprungsbetingelse, dom att avmaskera
       som från en befruktad avbild, ta
fram verkligheten se in i en rymd belagd
med tiden, kanske
några varningsljus för
de utsatta för när full utav bestämmanden
åt alla håll och kanter eller dom övergivna
gånger omfattas en tomhetens omkrets
och kanske omfattas ingenting
– bara bemästra resonanser för gehör och
när letat vid sig själv för ett tappat språk
sitta och reva upp trådändar från
dagar i ände från dom föranledda till
att bemästra en oro, ett fyllnadsmaterial
i brist på svar, att kanske en förlorad
markkänning, försökte lyfta på locket till
någon annan tid, känna
       hur en solstrimma
vidrör som en tanke i spår av fingertoppar
spindelnät och dammpartiklar, märken
när i avtryck efter nån rekonstruktion
ett korståg genom nån nådeansökan eller
om allting var förgäves, alltid var förgäves

# LOJALA VINDAR

Om det här rummet var en grogrund för
en universell avbild, att allting i sin
reproduktion, en typ tyst urschäkt när
vore som kopior ur i sammansättning
för en oskyldig förankring, en
samma bekänning som åt blommornas
      karaktär, mest hur
blir förflyttad genom att få genomleva
– kunde sätta som tema eller
antingen förbryllandet och ingen som
helst blekaste aning om, att
bara mental innebörd, att bara agera
      intill dom observanta
ungefär där tankar när utsätter dem för
nån förvrängd bild, fick bli speglat
uti att när likt känner mot så ändrar
de i skepnad så som påminnelseavier i
centrerat tillstånd, det naturliga
medieuppbådet när i omlopp, rubriker
eller som höstlöv regnar ner, täcker över
den trötta resan, alternativt
då inte ens dom utlovade budskapen
när blir lika svårt som
den där tillbakagången genom nålsögat

# IDENTISK SOM INNEHAV AV

Ankomst relaterat, varje form av instinkt
ett spår av vägnät, att samma typ när
ett tillhörande koncept, ett tillhörande
som i omlopp för någon
        gemensam nämnare
en upprättad mekanism för alla dessa
i variation för obligatoriska akter
sin egenart av gånger när
blir identisk för en sin äganderätt till lust
förbannelse, en efterstävans orubbliga
preferens eller hur letat efter det
likt nån spricka uti det dolda av budskap
– att hur kunde bli ställd mellan
i innehåll för en länkad tanke
ett tomrummets intetsägande, bara dom
genomträngd av nån spegling
        gånger när flyter uti en djupare
ögonkontakt, ett manus, en förstummad
röst med nån stark, klangverkan

# NYÖPPNAT VAKUUM

Nyöppnat vakuum, rymder när i kamp
om likt en livfull signalsubstans
någonting om vad vi skulle
  ha kunnat förlitat oss på
sina erbjudna timglas, ett
med förkunnandet om en sin kamp
vid som medan växer med
årstidsrubriker, kontrastvätskor för de
likt en fördelad ämnesomsättning
– att en gränsdragning
en djupare känning i symptom av ännu
obekräftat, sitta och invänta vid
den i strömning för en osynlig vetskap
slags dolda budskap, kanske
sina försändelser, några oöppnade
i sin passage till att
  fylla med innehållsmässigt
endera alla dem med förkastlig menig
kunde ha nån ton av tung efterverkan
när inget annat än att sökte lugnet
alla dom gånger kunde få sitta
  alldeles intill
när obehörigt för allt annat än tystnad

# IFRÅGASÄTTANDE BEMÖTANDE

Dina nakna spektrala och kugghjulen brinner
endera någon högre makt som aldrig griper
in och vem som tog fram en
ingrediens i logik av livsform och
      den resporativa luftslangen
och den förrädiska ytan, dom som via sina
nätanslutna sinnliga spindeltrådar
blir utlöst för skuggpassager eller de varifrån
kunde ha tittat in vid
      den djupa spegelbild
med förvaltning av egendom
gånger kunde känna en puls för alla dom av
evinnerliga dramat,
      självbevarelsedriften
en tyst förmaning för instinktiva väckelsen,
den fria tolkningsmanualen, det plötsliga att
få bli träffad av medvetandet, allting i
behörighet av där fick känna något brinna i
din blomma, ett sitt typ tillfälle att
inledningsvis få öppnas upp likt en
klarsynthet så kunde bli påkommen sig själv

# MOMENTUM

Själva jordytan och temporära strömningen
hur beaktandet av detaljer och ursprung
fick försöka förstå sådana att
uttryckta längst in underifrån, en tyst
rubricering kring ett utlåtande för varje likt
överraskande moment,
de gånger kropp och själ till att få gå in vid
som ett outforskat stod till buds
– samma känslomarkörer som att bli ställd
en stund intill själva stoppuret,
kanske dom i anspråkslös skildring till att
få bemästra när kastvindar eller det
som att lägga ett pussel av smärta, hur en
sin varje efterspegling till att kunna bli
ikapp hunnen, att dom i handling tillskrivet
att hela tiden gränsar till där rymdes
ett tålamodets uthållighet
ett i sin berättelseform när likt en
närkontakt, en trosbekännelse, liv som inte
fick slarvas bort, även dom missanpassade
mentalt när tordes stå en stund nånstans
att kunde gå vidare, bemöta ett annorlunda
brospann, vad som kunde vara ett
ultimatum för den
förkrossande sorgen när likt kunde
ha stannat till bara för att likt, lyssna efter

# CHIMÄR

En frizon för rastlösa händer när uti språkets
omkrets, ett rum för i händelse av att
konsultera med, nåt ämne, ungefär som
att befästa för en tanke
– drömmarna när uppspänd mellan av
naturliga kilramar och där bildats, avbildas
en hjärnvindlingarnas stigfinnare, några utav
när i sina olika positioner av
i svårighetsgrad, grafik och typografi när lite
mer än uppsnappat
　　　　　just för den glatta ytan
några blänken full av associerandes friktioner
– öppna dom förslutna till en öppenhet
även sådana kraschade för att bli återupplivat
med blottor åt så
　　　　　höjer fantasipåslaget
några typ sina grundbaserade färgvalörer
självgjorda schabloner för dom djupa urvalen
sinnesbalansen när samma som åt att fick
zooma in en textsättning via en fuktbarriär
att en känsla så kunde höra hur pendelslagen

# FRIA ENERGIER

Tankar när blir trädd genom typ undantagna
för att som kunna vända på
och kanske älska en gång till eller som
gånger fick skildra någons tystnad innan det
som av ett återvändande eko för djupa
hörsnäckor, fick göra en uppföljning, lyssna
en gång till, se in i likt en bildserie till att
panorera in allt de som blir präglat medan
faller och faller genom skeenden när
likt i dofter av att få skynda till
för en varje sin avsikt, att våga stiga in vid
av ständig förändring, hur dom
innanför alla sigillen i väntan på beröring
den mörka jord kraften till att framträder för
att kunna vakna upp ur sina dvalor
få andas en stund vid där vi tillsammans blir
som markens blommor och innan
obefintliga utav sådant bokstaverat som till
där löv dansa kring en, dokumentförstörare

# LITE NAMNLÖS

Successiva installationer, den brinnande
sektorn och vågvatten, något uppreglat
kring alla dom för
              transformell spridning
kommunikationer för makthavare och
kanske intill lugnet
– ett mer sansat överlämnande, en gåva
för att som ge det en tyst röst
källan vi sökt efter för en avbild, en
djupare avbild en djupare interaktion
innan rummet likt tillbakabildas, att en
känsla av det befintliga tillfället,
hur en värld på avstånd, att ingenting
i sin klartext, kanske bara
några möten gånger som för ett samtal
– det vindstilla när kunde ha funnits
en annalkandes storm inuti, endera en
varje sin spegelbild när fortfarande
kunde se levande ut, att mer som när
människan genom timglaset någonting
om hur själsligt observerbar eller gånger när
kunde ha funnits en analkande storm inuti

# STRUKTURAL RIKTNING

Om eventuella sammanträffanden för de
slentrian vid tidsscheman när en spricka
i mentala emballaget och ljus kommer in
att en tankemässig förflyttning
via alla oväntade inom den påbjudna
medverkan till som en strandremsa för
våra nakna fotavtryck
hur vågrörelsens kedjereaktion för dom
inrymda med tidpunkter att kunna flykta
mellan eller varför vi skulle hemlighållas
allt vi inte fick vetskap om
gånger där kunde ha utvecklats vidare för
tankar vid dom ordinarie utrymmena
en borttappad bokstavskod
och när stod och stampa intill dörrposten
att gånger när vi inte mår så bra
ligger uti nån tystnad där säger ingenting
mer som slags benämning på som ville
känna igen sig i som känslor åt läskunniga

# FRÖKAPSELN

Våra egna grenverk när utspridda åt väsen
något indirekt ur självs skapelseprocessen
– bereda väg för
             nyöppnade tankar
dom medföljande utav självändamål och i
kraftansträngning kring födslovåndor
en bricka i spelet, dom invändiga som till
en kärlek i konstruktion av lekbara
byggnadsverk, någon osynlig påtryckning
till att inför överväganden där
gånger kunde ha fått brista inför när den
mångsidiga lusten till alla dom av
kontroversiell mening och när otolkbar
för en logikens verkan, typ den vanskliga
organiska litteraturen och när
             passagen genom stormglaset
när alltid blir oförutsägbar uti sin livsform

# TID OCH MALKULOR

Någon övervägd tidszon, ett utlåtande för
riskbedömning, den konstgjorda
verkligheten, storleken för en omedveten
potential, bara några nakna tomhänta
ifrågasättanden, ett sitt epos,
spår av präglingar när blir tillskriven alla
dom som vandrat genom rumsbilden
– det som att ta klivet via känslor när
i kombination vid annat, endera bara dom
som ibland likt i ett försök
att få genomskåda, trassla sig ut
ur när blir alldeles för
            osammanhängande
och ifall tordas en närkontakt vid utan att
väja för full utav små brottytor och
som slag borren genom betongväggen
det alldeles förmycket av som fingrar mot
krackelerat språkbruk, en närkontakt
för liv och död eller det som fortfarande
att befinna sig vid när uppstannat
en stund innanför barnasinnet, dom likt
förtätad process med lekarna, inklusive
sina händelserika av tysta mystifierandet
en tanke för utlagda rälsbitar över rumsgolv
och lilla ångloket signalerar med svärtan

# SYMPTOM AV ALSTER

En upplåst valmöjlighet, ett tankes vägavsnitt
hur skrider mot var och ens livsrace,
emotionell utmaning en större känsla när
gånger blir storartad varje gång när
befunnits vid, när fick känna mot det som av
beståndsdel för en vacker syn genom
        tidsenliga glas höljet och
klara vatten glansen med bottensediment när
dansat i vackert skuggspel
        gör några livfulla rörelser vid
försiktig och försiktigt eller så som gånger
skyddsvallar brister, att bara sina
olika egenskaper att få uppta volym, att ett
sitt allra första yttrande
        för en medveten tanke
innan malströmmen, innan en halv sjukdom
en halv skuld, fick bli försedd med
växtkraft tankar till att kunna bli insnärjd vid
när menad åt med gemensam fästanordning
när klistrad mot bägge sidor, en mötesplats
som var blind, en kall och mörk
enhet för nån
representant kring höstrymd några slocknade
stjärnljus att då inte ens himmelen i undantag
för alla dom fulla av omöjliga referenspunkter

# NÄR EKONA STUMNA

Att kanske oegentlig som till besked
men att ett osvuret vore bäst, hur
alla gånger vi stannat upp för alla
dessa när gör uppehåll för en tanke
typ letar position,
sökandet efter med känsla och vart
allting runtomkring oss och ifall om
något annat tar vid, att hur kunde
      bli ställd i sin nakna
vetskap när blir lika svåråtkomlig
som kring en långväga härkomst, att
när ett vid i sitt tonläge gånger blir
svår att hitta, kanske alternativt om
fick bli betrodd vid
      innehållsmässigt
om fanns ett mellanläge så kunde ha
låtit det få passera för
tid som runnit förbi, för det som en
blandning när både ljust och mörkt
endera bara så fruktansvärt djupt att
aldrig någonsin kommer att hittas

# NYÖPPNADE STOPPTIDER

Dom gamla interiörerna, det som ibland
när vi får en stilla aning om,
ungefär som en minnesbild att få komma
åt, hur river och sliter bland saker när
dold bakom djupa avstånd, att
något om en halvt om halvt övervuxen
för den miserabla stoltheten en
ödesmättad rubrik för dom med egna
richosetter, en kännedom om där
speglar, reflekterar dom varifrån förlösta
utan förvägran att fick leka med som
att utmana verkligheter
i självförskyllan
endera alla gånger som det fanns
nån lycksökare med bland sortimentet
ungefär som ett manuskript av
det arma livet, typ hur kunde äventyras
utav dyra åtnjutningar, typ om det inte
varit för dom likt i sin aning om dom
uti sina gamla interiörer, att sådana vid
blod svallningar uti starka kärlekstecken

# SLUTNA SYSTEM

Kanske mer än bara som möjlighet i livsform
hur det flyktiga till att gestalta känslor
sådana gånger typ
blir drivande som i vinddrag mellan två rum
– ett tidobjekt, den opåverkbara
att ingenting som föringar ett ljusets verkan
det mer som ett naket porträtt
för dubbla etiketter, endera bara som att få
rota bland av gamla uppgörelser
det som gång efter annan att när kunde
ha funnits en obegränsad rikedom
utav sinnliga bilder och utav syndiga bilder
sådana att kunde ha fått
leva på i resterande av som hela dess väsen
– kanske motsatserna också
och ifall om fanns något själsligt ljus kvar
inför dom gånger när vi går in vid i, mörker

# ANTINGEN ELLER

Signalsubstans för känslotangenter, att
inte bara utav tomma kommentarsfält
och att kanske inte varje när
blir så där onåbar vid sammankomst
– alla likt djupa genombrott vid bönen
kanske dom eventuella som vid
att samtal vid dom stora bergen, att
en mental klättring för att kunna
nå ännu högre, det som
en varje känsla för en svårhanterlig ton
när frekvent återkommande,
alternativt sådana att i samband vid
ältandet av det ideliga att bli utsatt för
dom innerliga och
för alla i den tysta malströmmen
– det som i sitt betraktande när mer
likt införliva vid köld och i andedräkters
bokstäver när avlästa för ett
bekräftelsestatus eller
ett tvångsföreställande, en psykedelisk
smärta eller bara det hur en skjuten
liten fågel just där har trätt ut ur tiden

# NYSKAPAT VETANDE

Kunde vara något oförskyllt deltagande
sina fattiga ord för alla dyra meningar
att en massa lösryckta antaganden för
en töjbarhet till att komma åt från alla
håll, det som en inblick vid
där dom likt att åskådliggöra rigorösa
öden med, några djupare möten med
den nakna
       dramatiserade arkitekturen
en känsla som att fick bli ställd inunder
dom av förunderliga
himmelska bjälklaget, de likt ett
tillträde att få en smak av tid i munnen
alternativt några utav sina destruktiva
omdömen, fick rota bland sinnliga
levnadsfärger, kanske nån påbörjad ton
vid det ofärdiga konstverket
       en obscen scen för det
outforskade språket, det av särskilda
skapandet i form av när blir förenat vid
självrisker varje gång leker vid
experiment kring dom
vanskliga behagen, typ våga chansa
beträda sånt vid dom
med sina obevakade, gränsövergångar

# BERUSAD AV TID

Disponering utav ett utrymme, ett varje
grundutbud när lite mer än komplexitet
av ursprung, kanske mer vid gånger där
      utmärker för sinnlig kemi
bli tilldelad slags förenliga tillsatser, det
då kunde vara skäl till likt en tanke med
sikte på nån
          känslorelaterad träffyta, några
skäl till våra antaganden, typ att få gå in
vid försvarsställning för ifrågasättanden
– alla sina förlorade i
sammansättning för en berusande tro
att ett i format av med kroppen
genom det sköra timglaset eller det som
nerlagda resvägar för utdöende
spårväxlar genom en trött höst allé
när drypande av fukt och i nätters djupa
bloss uti himlasfärer och att aldrig säga
ett då när i allra högsta grad vid, ett nu

# POPULATIONSSPEGEL

Hon var det ovetande fostret där timmar
dagar och nätter har sin plats, sådant att
när ligger och väntar på
innan vi inträffar till att urskilja vid tid
när reserverat åt konturer och en varje
mentala värdehandling när i varierande
storlek, det som att kunna nås
av en avlägsen doft av vind och gånger
fläderblommans vita rymd
när lyser ut mot blåa havet, nånting till
att kunna få diktera vid oss själva
hur en längtan fanns tillgänglig till att
fick besitta i reflektion,
binda in vid sina drömmars bok,
episoder kring både ytliga och när
väldigt djupa för ett förunderligt fäste
vid en sin Changs för friheten
– det existentiella schemat, kanske
i en vågad tanke till att övervinna någon
rädsla, eller bara dom i
            tidsmanual när
likt uti en glasklar vattendroppes sköra
ytspänning tänjer vid tyngd att, få brista

# INFORMATIONSKÄRNA

Gonggongen för byggstenar kring en kreativ
anledning, kunde ha lusten som ett sitt
äventyr när villkorslöst undantaget
för impulsiva ultimata gåtfulla och en typ av
annan sinneshöjd
          – möjligen inte annat än vid
ett kosmetiskt berusande, sorts inkluderat
vid en djupare informationskärna
en pir med havets uppstänk, hur ett ljus
och mörker om vartannat, hur några scener
ur gånger rummet blir magiskt, endera bara
när utspritt som ett
          sönderslaget spegelglas
ett lite avtrubbat, lite grumligt testamente
för en efterlämnad avbild, såg hur livståget
när rusat förbi med scener ur
omvälvande hjärnstuktur alternativt hur en
vacker blåklintshage så långt ett öga når
innan dom oförhindrade till att i kraft av när
sammankopplat vid dom där redan
vid sin början, fanns i slutet som ett märkligt
ljus reste sig ur marken för
ett slutet samtal vid dom himmelska molnen

# HETA KÄLLOR

Mest sådant att när måste ge efter för allting
man inte rår över, som den heta massan i
en sin rörelse av budskap
          innan i förstelnat tillstånd
kunde också vara en stark tro på att berget
även består av livfulla väsen
som den vackraste andlighet, något utsläppt
befruktat utav begär, kanske någon tveksam
underskrift, vem som var och, vem som
stod alldeles intill sitt nakna bekännande,
ett i frågeställning för hjärnors kamp
– kunde förstås också bara vara nånting där
vid skillnad på tolkning
som tankar försökte övermanna varann eller
en sin självvalda sorti, fick bli ställd
i fel gestaltning en resa för där mysterier har
sin början och slut, nånting vi fick leva vid
med en djup betänklighet och att dom vid
tron på som att även dom höga bergen också
bestod av livfulla väsen
det allra vackraste utav alltings Andlighet

# TEKNISK TIDSÅLDER

Ett för varje upprepning av gånger vid sin
placering via meningsskiljaktigheter, ett
alltmedan det sköra glas höljet med
dom vita molnen, någonting reserverat
kring liktydighet endera gånger
även fanns mediokert inprogrammerat
som för ett lärospråk när inbegriper
gånger bara där behövs, typ att lämnas
utanför dom bristfälliga en stund
att ett helt annan variant av liv
överlät åt på i bekostnad av omedvetna
eller vad som var
principiella skäl, kanske några uteblivna
klargöranden, ett upplagt med
känsloytan genom frågespalter, ett
starkt meddelande från en jordrotation
upp mot solen, ungefär
som dom löftesburna för att kunna
uppehålla sanningar, att dom genom en
osynlig elektrod när kontrasteras via
ögonljus i strömföring mellan två rum
den högre graden av ett planetariets
klara yta eller hur skönjer ur där
hettan och eldens framfart och att inga
garantier för dom av förunderliga språk

# ABSOLUTA VÄRDEHANDLING

En retusch, synkat vid något tidsenligt
plagiat, livselixir, ett exempel på allt
som skulle få finnas med
när inuti och hela vägen i produkt av
tiden, en frusen bild av som var någon
attribut, scenkläder och med alla
nerver utanpå, en realitet för sådana
försändelser i nån
        annorlunda ämnesomsättning
sina filmrullar slowmotion
etc. en sin frö bank ett skotthål genom
dom dramatiserade av varje
in underliggande gånger behövde för
att komma fram som vid ett
        känslomässigt ämne, värdet
av att som ett obducerat fragment eller
bara en stund utav upphetsning, att
inte mer än gånger en bild drog, förbi

# OBESTÄMD TILLHÖRIGHET

Allting man kunde ha i åtanke för en omedelbar
närhet och som svårhanterliga moment eller
ett förlorat grepp om de gånger ligger kvar vid
onåbar, att går inte längre att
        undanhålla känslor
mest blev övermannad utav sig själv, hur mer
likt ett avvikande beteende och där kunde ha
rivit sönder sårskorpor efter sårskorpor så fort
        att dom börjat att läka
nånting för det otillräckliga tålamodet,samtliga
gärningar när blir fördelat
som bestod utav någons rumsvolym, det som
hur en oro sliter och rycker i förtöjningar vi
gjort för ett abrupt tillvägagångssätt, en slutligt
datum markering vid mängden av ostrukturerat
språkligt förbindelsemönster
allting man kunde ha i åtanke för en omedelbar
närhet, själva betydelsen av samma känsla
så som en skör hand höll vid en stark hand eller
att när inte nu, inte förrän hörde solisten för
ett djupare ackord, en slutton utan vassa kanter

# BINDANDE KÄNSLOÄMNE

Det mesta av nånting där kunde ha letat
sig in vid systemet, en flyktig bild i färd
vid där vi består som ämne, något där vi
fick tankar, bli informerad som
mottagare av förkunnelse, ett rikare
språk, molekylernas förlopp när likt en
dans uti solrum säger något om
dom alla omöjliga till att infånga vid tid
och likt nån avståndsbedömning,en
födelse ur det omedvetna som strategi
        ingår vid alla
riktningars förlopp, typ en och annan
grad av klokhet, stå vid nuet,
det som kunde vara just i sändning,
fick optimera ett dokument mer än vad
som slutprodukt avser för en delad
känsla så som om dina händer darra vid
i mina händer eller om det var mina
händer som darra vid i
dina händer när vid samma mörka rädsla

# OMDAGANDE

Vi är i behov av varann, en formbar
tanke i vördnad att kunna få lägga
mitt uti den vackra
            vigseln där
ljuset hav och himmel har sitt, det
som en gåva, ett bud om
förvandling, vandra en sin stund
längs skiftningarnas språk
– känna syremängden när så där
djup till att få
inandas, genomträngas av rymder
allas tidsrum för det när mitt i den
            vackraste av vigseln
som inget vill mista dom livfulla
träden som inget vill mista
dom svala skuggor dom ger oss när
vi kunde ha brustit för en formbar
tanke att få lägga mot i vördnad för

# TECKEN OCH SKRIFTER

Konstruktiv, en dubbelexponering att utmana
förutsättningslöst, utfodra med lockelser,
aktivera det magiska syret, kognitiv sekvens
verkningar av tillvanda uppbyggda för gånger
existentiell när full utav
        naturliga känslor och när
i distraktion för det förhastade tålamodet
en stund sitt spekulativa för språkinformation
typ lokalisera sig själv bakom sådant att
när oöverskådlig som problematik, mer
som att initiera begrepp, att ibland uppdelat
likt kring en pesonkluveri,
projektering av bildflödet genom det egna
omdömet för riskbenägna beslut
– hur kunde vara en varje sin ödeslott
ombud för manipulatörs dimension, att när så
många till ofrånkomlig konfrontation
det som förvandlar till vilja att realisera det
att nånting beviljat med egna tillåtelser
en stark känslonerv med sikte inställt på dom
vackra i optiken och när precis intill
avtryckarknappen eller alla gånger letat efter
som förblir obekräftat
ungefär så som blod kunde göra ont, när
någon stod på sidan om med hela sanningen

# DEN STARKA VISIONEN

Hur fick kliva in vid ändamålsenligt trevande
att bli ställd inför betraktande tanken
slags kontaminering vid den starka visionen
objektivt utvärderande, leverantör åt gånger
när blir utstakat med hänvisning till där
både blåljus och rödljus
         typ någonting under tid av nya
förlagor, ingenting försumbart, läsa sakta
kunna stanna upp vid känslor,
dom förhållandevis någorlunda ideologiskt
formbar eller bara hur framlagt vid den
         kontinuerliga vandringen
respektive anlöpta grundtoner, att kanske
mer likt av ett riktmärke för nådatider, att
dom i övrigt utan att stoltsera vid någon
större bedrift, det eventuella till att
fick uppfatta när aldrig stämde riktigt med
i verkligheter eller gånger tiden stod vid
sin största lyster av körsbärsklasar och hur
en vacker blåvinge när sitter uti sista solen

# DEN FASTA RUTINEN

Livförd som ett stycke mental ockupation
, sitt nakna ansikte när vid en förmedlad
längtan där redan placerat tanken
och som dagar bär en blommas doft för
naturliga villkor och när blir
          tänkvärt vid hjärtat endera
någonting för oförutsägbara skiljelinjer
och att när inte ens en känslovetskap om
blir beständig, bara det stora
herravälde ingen rår på, bara att kunna
bli drabbad utav, allt mellan en sin
nollpunkt till i fulländning
det som att försöka balansera på för en
jämvikt, självtortyr och nån besinning
ett ordagrant placerat språkbruk
liknelse vid typ genre ett ämnesområde
när full utav naturlig inverkan
en vandring för mognadsfaser, inte bara
gånger kryper ihop
vid frossa och liggande i fosterställning
fick lyssna till en ton ur själva
blodrytmen som också är, en beröring

# GEOGRAFISKT OSPECIFIKT

Ifall om just hade krängt sig ur moderrummet
efter att blivit kontaminerat vid massan
ett moment ur medan några fragmenterade
partikelskrifter synonymt vid förkunnelse
– ett sitt inträde till att genomgå
det som ett ekos djup inom ett gränsland av
något tillfällets uppsåt
en kännedom och när som kring en stark doft
ur en mysteriets blomma eller något att
fick precisera geografiskt ospecifikt
summan av ett synkronisera språkbruk och
att aldrig menat som rakt igenom för att
bli förkastat som till ett levnadsljus och om
inte fick känna vindar och utan att
ifall om just hade kränkt sig ur moderrummet

# FÖRARLÖS SIGNALSUBSTANS

Ombud för tid och rum, hur allt samlat uti
en dragningskraft, textat ur evolution
upprättat till ett
   sinnligt riktvärde
projektering förknippad med rymder och
tankes omkrets, sina meningar likt för en
stillbild som fick liv, ljuset när öppnats
upp att när som helst för mottagarväsen
– att en vittring, ett försiktigt närmande
    en röst genom
samma rotsystem, varje kontinuerligt för
återkommande samtal som floder och
dom doftande av rena vita sänglinne
för en stund dom flyktiga av obeständigt,
det som en vacker tanke kring en poetisk
dimension och kärlekens vackra blomma

# ETT RYMDTELESKOP

Tidsstatus, minnesarkiv, övermodet innan
går ut i etern, följa upp med i bildserier
och likt få panorera in motiv efter motiv
alternativt vad som kunde ett alltigenom
för en tomhet att lägga känslor mot,
endera ungefär där fick känna och känna
mot när likt i genomströmning
        som starka viljor i distribution
över sina trösklar för ett varje besöksrum
– Ett exploaterat konstverk, en typ av
skrämseltaktik för den ofrälste, några inre
röster där likt en aning från en djupare
svarston där begär och lagstadga eller det
när kunde beskriva något om ett
avlägset i indikation och
        ursprung av väsen
sådana dagar vi blandat jordarter med
den fria naturen och till en kärlekens färg

# RUMSMANUAL

Var de här inom ett sitt syfte gånger när full
utav in underliggande antydningar, som ett
proportion till ett belånat utrymme, en
spricka vid en mörkervägg för en alltid sin
vackra soluppgång,
något synbart bevis på löftets grogrund
ett djupt larm om för
en nyöppnad dagning, ett i sannings nivå
med skuggade molnflykter över den
fysiska stranden och en stund perspektivs
utlåtande, bli berättigad till
när full utav frågeställningar, synen på när
en himmelens sträckta ljusbåge
              i föremål av förnekelse
eller när alla nätters brinnande stjärnor och
kanske på väg hem
alltmedan dom i sin vackra nakenhet och
              som där brinnande
fuktpärlor när fortfarande kvar mot marken

# LEVANDE SAGOR

Moment, realitetens dörrpost att den enda
befintliga på sidan om någon vision
hur uppfattas likt för återkommande varje
vidrört av tanken när känner mot, blir
befintlig som synonymer för känsloämne
endera några bedrägliga tillvänjor
att inte bara sådana när skäligen, utan
också alla gånger som en
         lämnad luftspricka
för dom lämnad i andnöd, undernärd en
erfarenhet, kunde tendera till att i orsak av
från nattdrömmar till dagdrömmar
dom likt av en samma mening när förblir
vid en sin tomma mening även om
dom förflyttas precis som allting annat och
när inte längre fanns som till i, överlåtelse

# TID NÄR BEUNDRANSVÄRD

En skrämd verklighet och ett saknat broräcke
balansera på något medan hotet
om synderna, hur kanske ville bemästra den
          av sinnlig styrsel, få klättra in
som till en placeboeffekternas interaktion
dra fram ljuset ur den upplösta natten
eller bli fasthållen i distraktion för allting vi
aldrig lyckades genomföra, kunde ha gått in
i kamp med likt när i samma ursprung
som sig själv, ett större avancemang eller
dom som uti ett djupt skärrat rop när på väg
genom bröstkorgen som en vilja ur
en mörkbotten, Masthugget och dina egna
segel när blir alldeles för flyktigt
för att det skulle ha kunnat få vara, intakt

# DATUMFÖRANKRING

Om vi börja vid det monumentala verket
med datummarkering för straffsatser
och när alla centraliserat till
              så som genom blodsband, ett i
trohetsvärde att aldrig en heder i utbyte

# LIVSVILLKOR FÖR EGENDOM

Rekvisita, medel till att som en vägledning
när i uttryck för en varje sin variabel utav
biologiska levnadsmönster
– slags mänsklig placering när fördelat vid
budskap likt parallella evangelium
för tid och rum, en pågående förhandling
en sin inbjudan till när fick uppreglat
cussessiva installationer
        långt in bakom hjärnbarken
sådana när typ transformerar spridning
en kommunikatör och
osynlig makthavare, koncept för utmaning
hur en öppnad frökapsel med
manöverutrymme, en passersedel
inbyggd vid själva födelsen gånger när likt
inte går att göra ogjort
det som en tanke på bägge sidor om den
obevekliga i sin tystnad,viljor när motsatt
sig för nån påtaglig stunds
bländande överexponering eller bara dom
gånger mitt uti det vindstilla, ett i motsats
till när legat en storm i antågandet, även
så som lögner kunde ha genomskådats
eller bara att våga en pusselbit när i blindo

# SJÄLSLIG TILLSATS

Uppschasat och kanske inte så märklig
till att erbjuda sina aktriser, att vad
som kunde vara ingrediens för
ett hemligt mantra, bli stationerat vid
det individuella bruset av blodet
likväl som köttet och lusten att gånger
           någon oreda för visdom
dom förbisedda av fruktlösa utsagor
seriöst mot oseriöst, signatur för
självifyllda konturer, dom påtagliga när
utmärker sig vid
dom av mänskliga genrepen,
det alltifrån nån diskret avsändare till
en skulpterad tanke och kanske inte
ett utlämnat till som bara själsligt
oplanerat embryo, dom föga troligt
för att undanhålla
eller misstro att kunna genomgå själva
moderlivet, en sanning ur det fördolda
en plogbillars färd genom den
gudomliga jorden, att ett rotskott för
en diskret avsändare i skulptur av tanke

# BEMÖTA RISKERNA

En morgon att få vakna till i sitt genombrott
vid molntäcket, den allra första
blickpunkten, låta passera tankar, låta få
vara precis så som det är
inte mer än en känsla till att få känna efter
kanske gånger när varken till att
tillstå och varken till att bestrida, mer utav
lugnet när blir försänkt som till i grund
för andakt, bilden när känns ren och klar
att få andas ett oersättligt innehåll
alltmedan klockrundor och
vid sin stundande tystnad innan belastas
med livstyngd, hur dom likt ur
djupa bönerna och
            yttersta vetenskapen, typ
verkligheter när spelar ett spel, det alltid
oförmögna till att kunna försvara
sig mot, att en betraktad osämja eller bara
gånger när inte orkar bry sig längre, bara
som vid ett väldigt mörker runt omkring sig
men skall invänta
            och invänta på det vi tror på

# ERÖVRANDET AV SINNET

Dom disponibla till av mentala aktörer och
en sin persona till ombytta roller, frestas
av modellerat till ett
      levande konstverk
vad som växte upp ur aningslösa rymder
en sin berörda del konsulterad vid ämne
allt initialt vid sin skepnad, det som
att kunna bli inklämd mellan två väggar av
två världar endera hur vi ibland
likt blir uppdelat vid kriterier, nån språklig
resa, bli belastad av närvaro, ungefär
som vattendroppe känner sig fram längs
ett fönsterglas, nånting oannonserat
spontant inträffar, att kanske liknelse till
rouletthjulet medan snurrat, eller sätta ett
sitt finger må måfå och
      snurra på jordgloben,
försöka svara på saker som är helt omöjlig
att kunna svara på, vad som är en
mötesplats för omedvetna, känna avstånd
till vevklockan och återställningspunkten
      den heliga elektroden
– hålla ut tills att nån utschasad karaktär när
kunde vara ingenting annat än någon
som fick städa ur och stänga dörren efter

# SJÄLVSANERING

Att mer av en annan härkomst bli väckt
utav en höjd volym på nån tystnad,
en varje grund för att kunna påbörja
ett vid sin entré det i sin tajmning
        genom livsnerven
och några av dom otåliga viljor som när
griper efter överallt,
en programvara till att införskaffa rymd
åt tankeförmåga endera det som
en förmaning om
        lärdomens dyra detaljer
någonting att gestalta i förening med likt
potential för ett obearbetat råstycke
kanske någon referens ur ett
omöjligt vrede gånger blir full av sådant
i bidragande orsak, något i handling när
i anspråk på, mer och mer
typ scenario för en trasig
strategi och gånger sammanlevt vid det

# SORGVATTEN

Medan kunde ha stirrat rakt in vid en
eftertanke och intill tiden du besitter
eller gånger som en lång
skugga av sig själv, fick bli ställd mot
inför nya beslut, det ständig
i nivå med livsfrågor som glöd falna
en ton blir tonlös, bara att
som ett mörker härskar och
skiljelinjer att utläsa till kvarlämnat i
mellan rader av kring en tomhet
– en förlust vid där
som något togs ifrån dig, ett utkast
till scenförändring, våta pappersark
eller som ord kysser ord, minnet av
hur en dagfjäril och en nattfjäril
kunde ha strålat samman i den djupa
vätan, fukten som vi gjort formbar
så som en tanke för en tidpunkt där
likt bryter igenom mullbärsträdet
i det vackra nakna ljuset där också, vi

# VI BLIR MAGISKA

Ett stycke morallös självändamål, att när
en förhastad farlighet, ett sammantaget
från och med blir upptaget i volym
alltmedan sina sinnliga resurser, tid åt
livsverk, ett ställningstagande, några
numrerade sidor kring dom i begränsad
förordning eller när lika högt som gånger
        att fick leka vid fria vingar
ett sitt innehåll av en vackraste förväntan
bli paralyserat av dom som gånger
ljus återvänder och den finaste grönska
når in i ens vardag eller som att fick
blunda en stund i kännbara signaler för
djupa nervtrådar, hur ett tecken för
        spegelvänt beteende
naturens egenskap av
i realitet för nån kamouflerad organism
när drar åt alla håll uti
en stillastående punkt när full av oro och
kanske bara stycke morallöst ändamål
att bara en stund då när drar åt, alla håll

# UNDERRÄTTELSEKÄLLA

Ett föranledd sin tillgänglighet, det som
kring den rättmätige ägaren
när både kropp och själ, slags dörrpost
till alla i syfte vi kunnat ha vilja nå in vid
ungefär där dom i tankar att
kunna klä med fasad
utspelar sig i föränderliga scenarion
att det likt att bli utmanad för
en sin delaktighet vid
monumentet för en förtroendekris, en
påkänning kring incidenter för
ett möjligheternas språk endera det
mest i innehåll av
dom flyktiga av långväga pratbubblor
då har sina fästen där dom landat
eller hur kunde tagit sig in i en andnöd
intill hon som sitter i tystnad utan ord
och som där allt av tid när
talar för sig själv och när det räcker, så

# DEN ÄGDA VERSIONEN

Nån sin andel struktur intelligent info
utrymme kring när opublicerat med
halvt om halvt med rättighet till att få
lägga i det fantasieggande bagaget,
varje ett i riktning som kännedom om
ett processat till igenkännlighet
genom att gå ut och in genom ett vid
spårämne, ett unikt tillfälle för
ett artikulerat språk
kunde ha gjorts till en plats
för hypotes, spekulations teori för en
bedömning och till att bli ihågkommen
av någon anledning, att hur en
känsla när i samma belöningssystem
som kring livsrespiter
hur klorofyllet från dag till dag
eller när aldrig mer än med
skyldighet till med
sina referenser till alla dessa bilder
där inträffat att rummet
blir fullt av trolleri
för en alarmerande längtan, att kunde
ha gjorts i repris i blundat tillstånd
när typ hur många gånger som, helst

# SAMMANSVÄRJNINGAR

Språkligt fakta, hur det redan vid morgonens
första göromål, tankar inneslutna av egna
självet, inget av sånt att genomgår obemärkt
– mest rumsterar kring förpliktelser
och kanske något i utbyte med några gensvar
        eller bara likgiltighetens ansikte
att dom gånger likt bara kommer över mig
likt av en sorts kvarlåtenskap, en
förtäckt scen där kunde gråta på låtsas men
aldrig sluta gråta på riktigt,
en varje dokumenterad med spänningsfjäder
innan krackelerat som rumsperspektiv
– en sin urskuldan när inte ens
tillräckligt djup till att täcka över gånger offrat
åt längtan när förvanskligandet låg
uti en kostnad för mellanhänder eller
att varje utdrag ur dom av obetydlig meningar
som några rester av en grafik,
att en åsidosatt verklighet
en undanmanöver för slags mänskliga rubriker

# DIRIGENTENS ANFADER

Där insisterat på likt upphov till alltihop
en variation av allt möjligt till att få
bli begåvad vid, olika tankar och när
identisk vid så långt vi förstår
eller ännu längre bort, när lite mer än
bara ord till sina meningar
ett sitt grundämne och när till någon
större tanke där belyste ett
dess inre, behövde de som anledning
inför dom av stora förväntningar
endera som ett hjärngrepp, en
varje förutsättning kring ett livsbehov
den stora företeelse likt en profilering
till att kunna medverka vid
– samma som bli inkluderat vid
ett universum och så som tanken var
när den stora solisten gånger
likt vid en tro på som samordnare och
där håller uti dom djupa trådändar, en
fråga av dividends, analys och kring
förbipasserade verserna, en formulerad
textrad via dom tidlösa skrivarna
en sin beskyddare till att undgå sådant
inför alla dom oundvikliga mötesplatser
som gånger blinda lustar kunde bestå av

# DEN ENVÄLDIGE RÖSTEN

Prövotiden, om hur kunde bli besegrad utav
som var själva utmaningen, vad som bestod
i form till hela levnads utrymmet och ifall
kunde utan att vid smärta eller liktydigt vid
dom urskillningslösa faktorer
med förteckning över
        alla dom av ofödda alarmklockor som
ett rop ur det som aldrig fanns, friktionen
utan ansvar, vem som lade handen vid så att
kunde rulla ut ljuset, släppa fram tiden
sådana för alla oredligheter och oredigerade
detaljer, nånting att aktivera vi kynnet när
ännu lika oskyldigt som i den fria fantasin
och innan dom
        representativa med
profetiornas verkan för styrda motiven när
bara en ton levererat ur det så egendomliga
djupet av ett tomrum ur det osannolika
det som medan sträcker sig likt med ut med
likt av en undran mellan
hänglåset och dom där med tysta pauserna

# ATMOSFÄRSBUNDEN

En neutral beståndsdel till förvandling
känsla för en eftersträvan genom
oförklarliga meningsutbyten
eller bara en sin otillräckliga kapacitet
hur bar på drömmar och att
ville så mycket, att alldeles för mycket
i känsla att känna resan i längtan som
en tanke
genomströmmas en källans optiska
djup och ända upp till som när
ett infångat högst uppe på berget där
        klostret
        uti molnlungan
varje typ att få andas när blir magiskt
allt för vad en tanke orkar nära inpå
omöjlig att utesluta, procentuellt
som betydelse mer än det lilla sköra i
omgivet fosterstadiet eller när som ett
blod åt en pilgrim en kropp för en själ

# UR BILDMASSAN

Alkemisk tillrinning den bestyrkta delen när
insisterat på viljan, stod intill gånger
att ingenting komplett, mer det likt av nån
förvrängd bild när samlat till som pågår via
sina vandringar utmed liv och på väg
nånstans för allt i sin passage av rumsliga
händelser, fick stå tätt intill med händer när
   fulla utav ovetande
innebörder av in underliggande och
verkningsfulla avsikter, endera bara det vid
att betrakta som i den egna litenheten mot
dom väldiga av atmosfäriska premisser
att rymder när mer likt en prick på kartan
och att ibland kunde ha slutit sig samman
för några raffinerade blänken, intima akter
allting som var gjort till bara för att
så skulle vara, etc. kanske en tanke till
kunna återfalla i eller för att göra motstånd
uti saligheten, vinet och det brutna brödet
armaturcirkeln gånger där blir
på jagad av tid, en tanke vid det stora myller
att drogs linjer i en väldig dimension där
blommornas knoppar gnistrat
i sin lyster gånger när blir knottriga av, dagg

# GESTALTLÖSA SIDOR

Tankar, av raderad meddelanden, analyser
av spontana ljuskäglor, segdragna skuggor
      oredigerat hela vägen
som frågor till tysta marginaler
representativa där hela tiden lever vid det
någonting att inkludera vid sina instinkter
källa av den oberoende kraften
den styrda hjärnan, om tron på att fanns
ett annat föreställande,
mer kanske som i en egna hemligheten till
att aldrig förråda själen som ett tjuvgods
genom blodet, endera som frågor blir
liggande kvar obesvarade, extravagansen
kring ett i konfrontation där skönheten lagt
sin kropp uti den förföriska volymen
en spegelbild för sitt syfte
mänskligt engagemang för själva uppgiften
en plats där ingenting kommer åt det, att
när bara lika ofullständig
och som en tanke aldrig blir, färdigtänkt

# INHYST VID BETEENDE

En bit in vid projektering, en inblick vid urvalet
en början till nån självuppvigling
några oskäliga skäl, de upphängda konstverket
mängden av spekulativt genom
tungor öron och som ett prejudicerandes kring
dom av ställningstaganden, att kunde ha blivit
till en logisk eftertanke, dom förbehållet
medan i sin känsla av tid och rum,
alla dessa lojala i gengäld till själva äran att fick
finnas till, beträda en delaktighet
som en kyss för ett signalämne till ett försök
till att kunna avlyssna andras tankar
alternativt bli ratad för
            ett annorlunda språk
nånting om ett varje sitt tillkortakommande, en
antagen anledning, ett riktat intresse för dom
när också kunde funka som åt förebråelse eller
endera mer likt vid nån fobi
en syrenivå, en kall närvaro utefter ryggraden
undanhöll lite av trosbekännelse
mest utlämnat åt när blir oläsbar för en
gåtfullheten skull, en sanning med modifikation

# KÄNSLOORGANET

Exalterande minnesanteckning, inunder liggande
undran, nånting att inkludera vid omständighet
genomgå en förnyad nervkänning
upprätta en tillfällig syretillsättning, en upprepat
stationerad strömföring
          dragningskrafters efterfrågan
receptorer i sammanbindning, en interaktion av
detaljer som fortfarande växer
          en tanke som för en öppning och
den delade kärnan som i vilja genom en kropp
några informella skrifter som näringsfördelning
ett tillförskaffat av livskraft etc. det som ord när
bara förblir som ord, eller så som en andnöd
mellan raderna, en vokabulär
nedbrytningsprocess alternativt vad som kunde
ha varit alla dom omfångsrika i sin summering
endera den del av stadie att fick bli påbjuden sina
omen, de som var ljuset och de som var mörker
och även det som kunde vara förlitan på sig själva

# DOM SISTA AV ABRUPT

Koncentrat av ämne, kanske i ett ögonblick
av naket och fuktigt utrymme, ett
ur alla upptäckter när kunde bli oundviklig
för några belånade sekunders ögonkontakt
vid och medan dom sköra negligéerna
när likt flyter genom träden
dom upplösta av krampaktiga spänningar
full av nattrubriker, övergivna klockslag, att
kunde också vara att inkludera vid innerliga
möten, bli ställd i vindar av motstånd
eller rämnade fasader, öppna sina tankar
så fick se havet med
som just i lekande vingflykt, inget som irrat
omkring utan riktning eller i väntan på som
allt blir obeständigt, sorts absorberande
till att komprimera en massa lös prat
en sin förlorade stund i den sköra stabilitet
när i känsla av att full utav dragkamper att
bara få sitta intill där dagspressarna tystnar

# UNIVERSELLA HINDER

Ungefär där letat efter ett tappat grepp om
där djupa av mening, sådana att när ger
utslag på en större insikt
gånger dom i stillastående blir driven i
rörelse, typ infinner sig gånger där
kunde leka engagerad känslomässigt, det
hopträngda utrymmet med rötter utsträckt
långt utanför sinnesglaset
      jordmånen och den formbara fukten
hur reser genom årstidsförvandling och när
sprider sig likt gånger från,
orsak till orsak
det som i avstånd mellan förgrodden
och den spröda knoppen med blomman
      och den gudomliga frukten
dom gjorda spåren efter från planta och till
i känsla av dom resliga träden, solljuset när
genomlyser blad tunna nervtrådar, kanske
som en rymd för en väldig tanke de gånger
kunde ha speglats uti den glasaktiga blicken

# TILL ALMÄNKÄNNING

Några utav sina egna för en otydlig underskrift
det mänskliga när lite grann i taget, allting
vid som ett medan ett du och dom omedvetna
– en geografisk mittpunkt, alla dom
hjälplösa när fryser och våndas, de likt att vara
inlåst, insnärjd vid sig själv av
informationstrådar, slags direktkoppling till där
en bokstavskod till att ge begäret tillgänglighet
bli inpassad vid att centraliseras otåliga rymder
– den fastbundna delen vid den frigjorda delen
          träda fram som en ensamvarg
den tysta vaksamhet, en undanstoppad känsla
transformera en kemisk reaktion, ett varje
till att definiera kring några behov, typ sinnen
och om tillförlitliga
typ nyckelvredet att kunna blottlägga sig själv

# ARMATURCIRKELN

Kärnprocess, en ultimat näringsinformation
en varje reaktion efter verkningsfulla,
hur inunder liggande avsikter genomsyrat
det, att nånting för
      det kemiska fruktköttet
intension för impuls, det kring en påbörjad
färdriktning som signaler för en biotops
djupa analys, hur det egna prövotillståndet
en resa i förädlandet eller ett sädesslag
uti den vackra tillkomsten, ett grenverkets
strävan efter att gånger blir förknippat vid
handling, det plötsliga i att när kunde
befinna sig mitt uti
      det ljusa morgonrummet
ett penseldrag av förgreningarnas mästare
kanske fick besöka några i orons linjer innan
en upprättad till när i känning alla
dessa variationer av när det ena efter det
andra vid någon urskiljning från
trasslet utav konturer och till att framträder

# RIGORÖSA ANLEDNINGAR

Vadå, något sammansatt redan före ett ingenting
Innan passerat sina mörkertunnlar för krystvärkar
allt det inom det strax före varje av ytterligheter
– det hårda skalet mot det mjuka skalet
ungefär där härdas av tid eller något outtalat för
                av missade föreskrifter
hur dom av en stund uppoffringar, bli betrodd
sina anletsdrag, delge sinnliga mysterier, kodat
upphov vad som kunde i raden av omedvetna
eller känslan av en sval bris när en gryningsdoft
genom ett öppet fönster, känslan utav rena vita
svala sänglinnen där fladdrades mellan träden
– det fantastiska ljuset när uppenbaras
och där blommorna skulle stå till i betraktande
kunde vara en tanke så långt ifrån
men ändå så nära i vibration för dom sårbara,
det mesta att bli upptagen av en rigorös atmosfär
endera bara precis som tron, en saknad kraft vi
måste få hitta själv, en stund vid där skeppet
bryter vågen i dom av eviga order om
för en sitt verkställande när en bit ut vid, tiden

# ASPEKTER

Efterskalv, varje liten rymd av åldersstruktur
gånger rörde vid likt i ett senare tillfälle
utgår från gamla profetior några i sitt
rumsformat och i det som i ett försök till där
återställer, steg efter steg
        för nån värdehandling, ett
moment ur där allt kunde göra sig påmind
kanske flytta fram och tillbaka till att hitta en
rätt position för optiska ögat, typ ta
fram sådant undangömt och låta bli aktuellt
igen, hur blivit slitet grånat och kanske
alla gånger när blivit placerat lite oaktsamt
        precis som känslor blir sköra
eller bilder när alldeles för grumliga för att
kunna hitta glädjescener, mer som
ett nertonat ljus innan ett mörker tar vid
bli träffad av den djupa tröttheten eller som
livssekunder kunde ha rusat förbi likt rester
av tystnad med det som skulle ha kunnat
varit ett nu eller dom vi aldrig har begrepp
om, bara det mesta av en tanke på
till att likt försöka få dom blanka och fina igen

# SPONTANA KONSTRUKTIONER

Variabler åt kaos, motstå en distraktion för
något att kunna förledas av då varje kring
en sin inriktning på när full av händelse,
kanske några okända
delar av oss själva
, ett textat utifrån samma formel som när
en känsla hittat rätt plats, att
dom gånger följde en källådras doft, såg
sig själv i den blanka vattenyta när törsten
för några terapeutiska objekt
ett tankens konvolut
när speglad i sådana gjorda för raffinerade
tolkningsutrymmen, kunde bli modifierad
för några olydiga
upptåg som genom den nakna saligheten

# VAR OCH ENS VÅGSKVALP

En slutprodukt, en upplagrad version av
där proportionell till sina argument
eventuellt kanske inte mer än till
sin realitet och vad kunde ha förtjänat
– hur blir omvandlat efter
eget tycke
alternativt så som det ständigt utav
pågående av röster uti
den egna våglängden, att personifiera
den särbehandlade människan
själva budskapet till i förtydligande vid
oss själva, ett levnadsbevis, en
information kring något halvfärdigt
resultat, att en plats
reserverad åt alla obligatoriska spår av
där omsluter i färdriktning upplevelser
eller som en tid kunde gå förlorad, att
en självförskyllan och
ifall om inte typ hade älskat, tillräckligt

# IDOGT HELA VÄGEN

Den gåtfulla informativa kärnan, att ett
vid sitt strömningstillstånd när naket
oredigerat och att
mest som kring några förlupna rymder
när dom impulsiva av vilda näringar
endera gånger blir ansatt
för påfrestningar att så där
idogt hela vägen medan rumspendeln
i sitt om vartannat likt av en annan
sinneshöjd, en milstolpe för
improvisatoriska akter, det starka ljuset
för en stum undran, dom djupa av
spalter efter spalter med skrifter som
              hoptråcklande av sköten
slags koreografier, ett modifierat för när
spontana manövrar, rastlösa konstverk
när blir originell för
några djupare i sin färgsättning,
och att ett signum för tysta eftersmaker

# VARJE INKLUDERANDEN

Tidspresentatör, den med största volymen
ett igångsättande för att få bläddra över tid
– att det som en gudspartikel
varje tanke på för en information om där ett
rotskott så tänkandet utvecklas och
vad som var samma mängd vid det tomma
intet som när innanför skalet när dom
       tysta djupen med
till att kunna få som när inte säger mer än
de ovillkorliga till att, ur likt en tillhörighet
för att kunna i skydd av få stå inför
med utsträckta armar och händer och se ut
över dom rumsliga
när frammatad med scen efter scen
dom omedvetna dom obemärkt gjorda så
där för ett bildmässigt organiskt
tillstånd kring gånger när blir likt till
rörlig optik att överväga som till, kretslopp

# FÖRKOVRADE

Den förbrukade entusiasmen, allting vid det
i realitet för en kosmisk vågrörelse, träder i
kraft av olika tidpunkter
en påbjuden valmöjlighet för en otyglad
materia eller nån skörare konstruktion för
dom vid sin plats för en evig fråga
resultat av en upphittad fyndighet som ett
känsloämne genom fruktköttet
       ett emotionellt roder till att när
förflyttas genom rumsobjektivet, så som
       när skrivna med tidsfragment
hyllmeter efter hyllmeter för en stund
påbjuden valmöjlighet, hur de framfusiga
och när kanske bara lite lugnare
innan så som trött gestalt där ljus flämtat
som vid en svag andning, en
djupare inträngd ångest och när ingenting
typ kunde vara mer berättigat än, syret

# PLATTFORM LIVET

Sortin, utan uppgiftslämnare, mestadels
själva sökandet efter en förnöjsamhet
kanske ett i förhållande till allting annat
för att alltid i jämförelse med
likt mentala värden, en rädsla för den
otillräckliga självkännedomen
en rörelse av minutiösa tankar fördröjd
vid melankolin, ett
        exponerad för varje möte
där blir insvept i kosmiskt brus, elektrod
av förbryllande, nånting orsakat av
spänningarna mellan mörkret och ljuset
och ifall om det var vi
        för ett känsloämne
den bestyrkta delen för nån erotisk
fraktion, en stark illustration för gånger
likt av ett massutskick när
utspritt som vid ett atmosfäriskt frömoln

# FIXERINGSPUNKTEN

Uppkopplingar för tolkningsutrymmen, typ
nya verkningsfulla besöksdatum, anatomin
när vid sin position kring
      den förbryllande nakenheten
den optimala scenen när arkitektonisk i sin
linda, sina periferier åt magiska manus
exklusiva involverande och när i prioritet
framför antal angränsande,
      – en starkare lyskraft
hur kunde komplettera vid likt ett levande
stilleben att fick andas vid, fångas in av
djupa tankar vid alternativt hur alla dom till
nån exalterad sinnesrubrik, en stunds
tystnad för dom blanka föreställandes när
full med att ryms sådana textat med
som alldeles nyutgivna fruktkroppar, några
akter till hemliga förfarande,
och att mer som gånger
där sjunger uti gräset, talar genom vinden

# BÅDA SIDOR OM YTORNA

Kunde vara utan nån inblandning av högre makt
det i stil av filosofiska avsikter, mer matchade
vid åtråvärda motivationer, typ utgjordes av
några egengjorda respiter för självansvar och för
alla gånger i innehåll av hela volymen
– sätta fokus på attraherandet,
signaler för dom
djupt installerat med sina förseglingar,
ett drama, ett i symptom där komplettera med
sådana att inte har mycket mer att säga om
än att mer likt naturliga lagar åt en stund fria
tankehänder varifrån öppnat upp för att kunna
            ta det vidare, bli utövare av
att få besitta både till filmatisering och
rollinnehavare, en placering som till särskilda
med omvägar kring någon insynsskyddad
andlighet eller berörs
av ingenting, bara leka en stund med blomman

# INTILL TVEKAN

Vårdagjämningens lovsång, att hur
allting kunde förflyttas och
vid andningen bli så mycket mer
än att vidgar sig åt längtan,
dom till varje
sitt återkommande kring en
sin undran av förfrågan
och ifall om
när mörkret backar och ger plats
för ljuset, den där känslan
av nytt utrymme när växer fram
som till ett
vackrast förmedlande och kanske
ifall om tillräckligt övertänkt
så att fåglar fick plats i ljuset
om dom växlande mellan nånting
när så väldigt nära
men kanske ändå så, långt ifrån

# OMVANDLING AV DISPYTER

Artikulerat uttryck, träden när uppvisar känslor
skeenden vid dom inbjudna till samtal
endera att ett tänkande genom långsamma
installationen, slags kognitiv sekvens
för nånting ur den ordinarie cirkeln, exponerad
åt livsvandring, fyller på med årstidsmönster
eller det som blir drivande likt en
vind mellan två rum när öm somt mörkt och
öm som ljust, något vidrört av en osynlig hand
slags mötesplatser, där kunde bildas
när kanske bara för att, ombildas i ett avstånd
        att få känna mot
i en stund genom den vanskliga vetenskapen
några fria till
vid igångsatta spekulationen
fick göra tankar kring sådant när full utav
punktmarkeringar för i känsla av föreställandet
det som varifrån en tanke blir exponerad
med mening på redan från en sin början, att
det som drivande vind mellan två rum när öm
somt ljust och öm somt mörkt
eller när, ömsom mörkt och när ömsom, ljust

# ÅTERUPPBYGGDA RESTER AV MOTIV

Ett när mitt i tillvägagångsättet och
att kanske mer som att bryta sig ur
det fortfarande
inkapslat vid mörker, endera vad
som kunde övertyga oss om
vid de när sakta anlöper som solen
blir en maktfaktor, det likt när det
eventuella av en upplyst tanke
skänktes till gånger där
inväntat på när allt åter vid den
levande marken, kanske ett
litet orosmoment eller för
en tvetydigt meningsuppbyggnad
nån spricka invid att
delningspunkten när blir synlig,
innebörd till att givas ett djupare
tänkande alternativt dom
på naturens egna känslovillkor, att
när kunde bli så uppenbart för en
beskrivning sådana gånger att när
de fanns en text på baksidan också

# UR TIO SIDOR SPEGELGLAS

Livslustarnas egna mångfald, en stund mens
gudarna och sagogrynen eller som vi ibland
måste få stanna upp vid allt det vi är på väg
något starkare argument kring dom som kan
göras betydelsefull, typ dra några gamla
minnesanteckningar genom
sådana av obestridbara anekdoter och
utav förgrening som att fick ett stycke frizon
, gå in vid ett lekfullt sinne, se i vid en
panelspegelns rum gånger mörkret kunde
ha kallats tillbaka för att ge plats åt ljuset
kanske det som tanke på vart gränser går för
alla dom av oförtröttlig, vilka
av dessa varseblivna för ett kritiskt tillstånd
           , några förträngda tankar
till att bemöta när
släpper taget om i bottendjupet, en känsla
som när en himmel
           kunde kännas så mycket
högre och när som en ny gryning vid, blodet

# LIVFULLA FILOSOFIN

Kunde vara medan det mesta av här vid tiden
på sidan om oändligheten av stumma stiltjen
– renhetens källa för en
        djupare beståndsdel
ett obrutet språk, outtröttliga av utmaningar
det eventuella för vad som skulle kunna förta
en känsla från dess verkliga känsla,
att bli träffad utav ett oaktsamt språk när rakt
genom bröstkorgen och så som
alla förbipasseranden innan en sin fundering
vart gränser går för oförtröttligt, att bara
några individuella konturer i förändring
ett kritiskt tillstånd för ett vackert samtycke
gånger när kunde ha upphört som vilja
att det som att stiga in vid en mörkerkänning
– hur blodlönnar droppa utav uttjänat
bränsle, verkligheten när gånger blir pausad
för den ostabila tillvaron eller bara hur svaret
på en och samma kontinuerliga, grundorsak

# TIDSTYPISKA BANDEROLLER

Primära moment, dramatikens indikator, hur
en sekvens ur tidens vågrörelse
kunde vara en sin jakt på av sådana förlupna
att likt där alla i rymd av ett sinnenas skafferi
ett resultat
av små söta varelser eller elaka monster,
alla dom som kunde ha förirrat sig in på en
fel sida om, specifik för den vanskliga vägen
– taskiga förhållanden
eller när i lyskraft av naturliga element
som receptorer genom sfäriska premisser
en någon fattig tanke för en själslig stabilitet
– en kärlek som höll upp banderoller med
stora bokstäver för dom som aldrig någonsin
passat in vid att när mer
           som ett beteende
kunde slå slint i jakten på dom förlupna ur
tankarnas skafferi, nån kärlekens substans
en stund andnöd mellan tanke och rummet
vi ibland bestod utav endera bara gånger vi
aldrig betalade för någon inträdesavgift
istället hoppade över av höga stängsel som
något billigare alternativ, sådant som också
kunde ha sin charm till att förnimma
en bildfrekvens till att få bli upplyft i Anden

# EN BAKSIDA OCH EN FRAMSIDA

Innehållsdeklaration, en smärta kring något
i budskap gånger likt av en blandteknik där
blir avläst som vid en analys för
        bakteriella kulturen
organismer för en fullständig konfrontation
alla dom där blev påkommen mitt
uti känslorna, ett axplock ur där just liv förs
– realiteten som verkligt faktum
en plats till att fick betrakta
ett sitt personkluveri för den terapeutiska
dramatiken, att en
        andra dimensionens
filmrulle när nånting inte fick lysa igenom
den svåråtkomliga sidan av med den djupa
sköra hårdheten, att rädslan för den
uppvisade innanför med skyddsmurar
det som bara kunde vara några
flyktiga vildvingar så som när en fågel skär
genom den tunnaste av glashinnan
och de gånger spräcker sin egna spegelbild

# VENTILERAS

Drar ur kontakten för både utgående som för
ingående röster, stannar till en stund vid där
måste få andas, bara likt få sitta invid
utan att bli påjagad av tid
inklusive alla respektlösa seriekopplad för nån
exalterad galenskap, ett med mönster ur
gånger försökte se via mikroskopiskt för ett
enormt format endera bara i innebörd av ett
när stod vid porten till den påbjudna resan
hur den tända livslyktan för erigerad lockelse
att en längtan sprungen ur gånger
när kunde vara ett sammanträffande för det
av emotionellt djup där
        fantasi ställs mot verklighet
kunde verifieras av ett där expanderar åt alla
håll, förledas av en stund som i vilja av att
fick praktisera det i tanke för en annan aspekt
när likt en förvrängd sinnebild eller
som ljuset var en följeslagare
det plötsliga av ett omkastat perspektiv som
ett otyglat språk, att kanske ett i händelse av
återblick som där hitta ett minnesrum, kunde
också vara nånting för en brusten barriär
typ efterdyning av det astronomiska baksuget

# MÄNSKLIGT FÖRBEHÅLLSLÖST

Transformella flöden, intuition för fuktpärlor
något likt ett mellan ett bakomvarande
och ett framförvarande, en känsla för det
som uti en saknad till när
        i stark vilja till att bli
fullt urskiljningsbar, en nyöppnad känning
hur några nakna fingrar mot där inrymt för
det som när en tankes rörelse
via alla dessa
sinnliga krypgångar, alla dessa som kunde
ha letat efter den fullständiga när i gåva av
avbilden alternativt
som en svarston gånger strandat, invärtes

# PLASTELINA

Om än bara någon fadäs, systematisk oordning
alternativt aldrig mer än sitt förlopp, aktivera
en vilja, varsebli sina värderingar, en frö grodd
till livserbjudande, en sammansatt sekvens ur
likt av ett uttalande, en uppgift att bli ställd
inför som ett samtal med sig själv
– att varje anledning till dom av djupa
frågeställningar, ett sammanträffande för alla
överrepresentativa omdömen
att en närhet till alldeles inpå mental förmåga
fick befatta sig med innerliga skriftspråk,
kommandofil och typ av maskera fantasieggat
i position för en invändig
filmatisering, intuitiva koncept för drifter,
en konstellation, allting som erfordras när
i påsamlandet när sammanfaller vid sådant att
till experimentella överförbara, hur det att
gånger fick införlivas vid tysta involveringar,
att hur kunde satt fokus på några spegelbilders
reflekterande endera att bara hur fanns
anledning, och att konstigt vore de väl annars

# STILLBILDSPROJEKT

Konstnärliga menyn, avleda melankolin
dom tillfälliga av tillfällen att få stiga in
vid färgvalet och kanske något
för en sin tid, anta risker när över hela
färgpaletten, försöka hitta rätta
tonvalet eller detaljer när kunde ligga i
                själva förvirringen, endera
som förvirringen låg i själva detaljen
– ett inledningsvis sökande
rakt genom
för dom av oupptäckta faser,
ett penseldrag för tilltäppta porer, en
känslolinje mellan en
prick på kartan och dom åtstramande i
själva originalet, ett utrymme för
svårmod och tunga ledan, ett sitt fäste
kring tankar alltmedan som en sakta
rörelse med skuggor gjorda utav
himlamolnen när mot marken, att nån
stark antydan till dom svårtillgängliga
budskapen eller bara det
lättillgängliga att få bli lämnad i sticket

# DOM OFÖRSONLIGA

Ungefär gånger när ligger vid samma avstånd
som processande förmågor, typ alla jämte
alla andra av processande förmågor, att hur
kunde också vara ett intill dom ständiga utav
när ligger i väntan på
                    kunde skymtas lite genom ett
tidens fönsterglas i passager för oförsonliga
skiljelinjer när blir lite sena vid sina tankar
som ett telegram levererats genom
avstånd för signaler riktat via
knottriga huden, känningar för som vid den
oförhappandes när bildar
konturer till varje
senare tillfälle, som ljuset krympt för de av
oförsonliga när mörkret i tyngd av trötthet
och hur själva resan tappar fart gånger
förståndet står utanför, och kanske vid gånger
där bara händer som vid
skiljelinjer när blir lite sena vid sina, tankar

# VÄCKELSE

Gånger tillägnad som en vördnad
när en sol lyser upp
morgonträden
          – och jag,
blir helt
förstummad av i sin omfattning

# VAKUUMETS VARA

En förfrågan i sin linda så långt det blir
möjligt, ett innehåll utav ett stycke
mänsklig märklighet,
        ideal för en organisk
utskrift, att något djupare typ av aning
kring ett händelsecentrum
för ett
neutralt fostervattnen, och när inte
dom där sköra knopparna längre
orkat stå emot
eller så som en fotoblixt utav
livliga väsen fäster vid negativet och
ifall om man håller det mot
det starka ljuset så exponeras det som
en stilla vädjan om
att när bara så gudomligt formidabelt

# DELAR AV ETT SPRÅK

Koordinater kring någon okuvlig intelligens
kanske ett begynnelsens hemlighet
tog riktning för när
         kunde vara en
sträcka på sin egna tillvaro, ogenomskådlig
för vissa moment, vissa ceremoniella
djupa akter, för att tillkännage en vacker
strömning genom den av
att förmedlas via den informativa
elektroden, bli träffad i det desperata av
ett sökande för typ alla grunder
kring det
         som en dominerande känsla
en initialt förmaning
centrerat till som klockgången
slags existentiella pusselbitar överlämnad
till i ett slags medgivande, en
värdehandling ett djupare förtroende för
allting vi aldrig förstod
som vid en acceptans för en ogrundad oro
men mer än bara för ett åtgångens, skull

# ANA OCH FÖREBÅDA

Dom som till en viss gräns när uti fästet vid
en tankes rörlighet, pendlas mellan små
ivriga nervbanor, ett överlämnande
till att kunde hitta sig själv, hur kunde vara
en otuktad tillfällighet
       för den påkomna lusten,
– ett sitt anspråk på en
etablerad livsbild för en starkare grad utav
som uti en fråga när i
genomskärning eller bara
       det att inkludera vid
varje av gånger påkallar en uppmärksamhet
en tankes placering för en livfull spegling
en första gudomliga avtryck mot underlaget

# RECEPTINSTALLATION

Återupplivade journaler, en känslovisitation
när upptagna via gamla moment, att
så där pragmatiskt i, tryckfrihetsförordning
typ full utav arkiverat för sidor
inbundna i en och annan verksamhet
några sista silhuetter kring dom där flyktat
uti dom barbacka skisserna
– kunde ha aktualiserat ett spegelvänt
porträtt, ett upplopp en animerad verklighet
En tidscykel i fortplantning, en tvådelad
hjärnstruktur för en den
            symmetriska balansen
– fick manifestera det organiska materialet
endera bara hur de omedvetna föreställande
om allting, ett förtydligande av resehandling
hur kunde uppstå likt av ett i början
av ett oannonserat innehåll, kriterier för
ett olyckligt slarvfel, att kanske mera som ett
när basera på förekomsterna eller om ens
möjlig till att överblicka, att osvuret vore bäst
när delningspunkt kring nån djupare sinnebild

# LUKTRATIV ENHET

Självgjorda schabloner något i fröbildning
för en hjärnstruktur och när som uti
ett plagiat av universum eller zooma in
nedärvd textsättning, ett sitt embryo för
ett större verk, hur tron på när fanns
i den av uppkopplad färdriktning, när blir
ändamålsenlig för en
          fullvärdig mening eller
gånger blev ställd till förfogandet likt av
en optiskt tillhandahållen bild, endera ett
kanske till något
i sitt utrymme för en större potential för
det att bli inordnad sina strategiska
positioner och när som i ett citat ur den
vetenskapliga materian, bevittnandet av
kontroversiella livstillkännagivandet
– den respektingivande frågan
för en av alla som i en öppning åt genom
organiska incidenter gånger när blir läsbar
som en känning via nån fuktbarriär till
att få tränga djupare in vid det
frigjorda ämnet så kunde se sig, omkring

# MÖRKA DJUPA KULVERTAR

Modifierats varje överman, kanske nånting om
hur vi hittar oss själva, blir ägare av
där formats för i innehåll av en uppehållsplats
och trafikerade blodbanor, ett tidens rop när
en bit in på och när full utav naturliga variabler
– bli ställd inför att känna
           den nakna hjälplösheten
bli bärare av nånting vi inte riktigt vet vad de är
kunde vara ett avgörande för den sköra
vistelsen, dom sinnliga med öppning ut mot
den fatala verkligheten, en stark ork till att likt
ta sig upp för att kunna se över kanten
ifall om allting i sin realitet så som
ett verkligt faktum och om vi våga underskatta
dom undermedvetna symptomen
– kunde vara en urkundsförfalskning för
gånger att bli ställd rådvill inför, att
fanns sånt att kunde ha varit bestämd till att bli
förutbestämd med en ständig risk för
gånger rummet krymper, förnimmelser sakta
sinar med alla rymdbubblor vi fångat i flykten
innan dom spricker en
liten bit in på någon mening ohjälpligt, naket

# FABRICERAT BILDANDE

Simulera, de som i en konstgjord komprimering
bild och impuls eller ifall om gånger hade fattas
någon verklighet, ett område för en sin del utav
som en fel tillhörighet, en rädsla, ett
inväntat på likt den helande kraften, om döljes
bakom det av skyddshölje för
         alla outgivna fruktkroppar
och ännu med sina insynsskyddade sköten,
en upprättelse för gåtor, få klättra in vid tankar
när upprättat med förkunnelse, en möjligen
samma ämne som bekräftar en befintlig del av
själva djupsinnet, ett observant och
representativt så inte kunde förvägras en sin
förutsättning, en tidpunkt för det
allra viktigaste när ett likt i sin förfrågan om när
blir kännbart nära och som att få tränga fram ur
gånger kunde bli överraskad utav starka
känslor gånger jämförbar vid psykotiskt redskap
kanske på vilket sätt sanningar kunde gå tillväga
fabricerat bildande eller bara hur gör det, ändå

# VIDRÖRDA KÄNSLOYTAN

Att följa en händelseutveckling, se scenariot
genom hela föreställningen, allting vid
gånger där blir berättigad till att fick göras
genomförbar och när lite mer än att
bara kunna befatta sig med, att hur dom i
färd med sina tomma rutor innan blir ifyllda
med speciella för dom kring tankar
ett vid beteckning
            orsaksrelaterade känsloregister
placera orden som skulle framställa en vilja
som ett utforskande just i betingelsen
att kunna få berätta om med kännedom om
ungefär där vi skulle kunna leva
skrika, gråta och medan förflyttar oss vid
som intill otaliga av stadier av gåtfulla
med avstånd till att få hålla vid en stund att
kommuniceras vid som kring en närvaro
till en frånvaro innan ikapp hunnen av
tysta avtryck, de bortrest av långväga tankar
bara där en fågel sjunger
i saktmod och dit vi aldrig någonsin, aldrig

# AVTAL ELLER KÄNSLOR

Fantasi, ingenting att bagatellisera, att kanske
bara en billigare variant av verklighet, hur
ingick vid själva sinnesnärvaron, en plats vid
den psykiska uppbyggnationen
att fick beträda först efter att träffat på det
förunderliga livet, att typ gånger när inte det
mer än ett sitt huvudstupa
        genom fostergången
hur rymdes som en lek vid en
början till att hitta ett internt samförstånd
– rita en självstruktur, en befriande önskan
en igenkänningsgrad till att inge
tro alternativ som en filosofisk oegentlighet
endera nånting i betoning på om
kvalitetsmässig som verklighet eller bara vid
dom till att kunna bli översminkat för ett
invärtes filmklipp eller gånger bara kunde ha
slunkit in vid nåt typ
skamfilat kvarter för några lättjefulla fynd
och när inte bara
de gånger huvudstupa genom fostergången

# EN SKYMD KLARSYNTHET

Innan upptäckten av känslor, ombesörjer för
nån kontinuerlig grundorsak, projektering
ungefär som att bli väckt utav en förmaning
– bindemedel för
      substantiell uttrycksform, den
där begynnelsehorisonten och till ett vid sitt
utlåtande så kunde få sprattla uti dom fria
rymderna, monumental
transformer, alla dom att kunna gå ut
och in genom via merparten av
där förgrenar sig och förgrenar sig i
strömningen av administrativt som att fick
handskas vid när konsultation för hur en
tanke kunde ha tagit form
mitt uti det ärofyllda ljuset, en stark mening
för allting där förhärdas genom prövning
– kontexten av att få känna smärtgränsen
eller det som överlämnandet av
likt en applicerad befruktning
och innan blir angripet utav en förgänglighet

# REFLEKTORER

I format av programenligt, gånger där tog
det från början, som en uppgraderad
version kring sådant att tordas känna mot
när blir full utav oförutsägbart
– att det omedvetna som alltid ligger
ett steg före oss i tänkandet
intuitiva reglaget inbakat vid astronomiska
arvet eller bemästra flyktigt som gånger
ingenting vore formfast, att mer
likt av ett rörligt musikstycke inuti oss, ett
allting vi kunde bli omgivet av
också predikningarna för alla dessa i typ
kring förtydligandet att kunna förlita sig på
kanske ett manus för
                    manipulerade hjärnhalvor
klocknerven till att avmaskera känslor
alla dom som utgår hela tiden utan någon
som helst exakthet vid det som vi av
gånger vid sin anledning kunde ha krupit
fram ur gömmorna istället för
att undgå problemen, typ söka upp dem
så fick konfronteras till att
likt få bli prövad mot själva trovärdigheten

# ORD FÖR ORD

Detta, att medan i utrymme och under tid att
lägga ihop till en sinnesnärvaro gånger
låter sig bli tillgänglig, ett stycke urval till att
fick påvisa livet där det mesta på
bekostnad av villkorslöst, spontana iakttagelser
ett forum att kunna reflektera tankar när inte
mer än att utsätta ett för i kombination vid där
ett allt svagare minnestillstånd, en tilltagande
trötthet, det som att hitta till att se genom med
lite grumliga konturer, hålla vid en stund innan
försvinner eller för att få ställa till förfogande
när så där bokstavligt menad uti en typ del utav
en klarsynthet, att kanske inte det bästa med
tanke på där inte har något annat krav än att
försöka uppehålla sina tankar så att inte tappar
det helt, att kanske dess uppgift mer vid ett
gånger att man fick ta det precis så som det är
en uppbyggnation för lek, en brist på när typ
kanske i skick av för mycket upprepande
utav liknelser där till stor del kring känsla efter
känsla, endera hur dom återkommande för en
osammanhängande grammatik, endera bara
vad tillfälligheter bemästrar, nånting att överlåta
helt naket, helt vidöppet för betraktandet när
allt för många som kring en rädsla och intill
någon ordbehandling för sådant gånger mest
på känn eller som sakta avtar vid en eftersträvan
en tappad förmåga där likt hela tiden letar efter

# ETT LIVSLEVANDE

Den specifikt designade delen i föreställandet
slags inriktad beslutsamhet
skisser med illustration att bli betagen utav
kanske genom att låta praktisera det, att hur
definieras några alternativ som frågeställning
typ låta en sin undran vandra genom som
     en tankekompromiss
en tolerans när åt alla håll, vilka av alla dessa
dominanta som gånger genomsyrar oss vi
armaturcirkeln, den påjagad av tid eller när
bara måste få stanna till,
     måste få andas, få
vara vid sig själv, sitta intill att skingra tankar
låta det transformeras stillnad, som känna en
lätt bris ur det som fanns komplett redan från
en sin början, allting till att bistå, till att
som en skörhet kunde bäras alldeles intill en
sin tysta bristning etc. bara innehållet intill
de när bara gjort så bara för att så skulle vara
överheten när vid sina naturliga svar
att ingenting av det som tror sig kunna undgå

# STEREOTYPERNAS KLANGLÅDA

Upprinnelse, hur det som att bli väckt utav en
höjd volym på en tystnad alternativt
          den konstanta riktningen, ett
obefläckat löfte endera gånger kunde som uti
ett dolt syfte typ berövas det väsentligaste av l
livsresor, det som introduktion kring
en bekräftelse, rymder där fattas någon
känslomässig upprättelse, det som för en bild
när fortfarande är kvar i dialog, en envis ton
där bosatt vid våra kroppar, hur kunde
via nån egenskap av ett svagsinnets ego bara
för en rosens brännande
hetta, en notskrift för upproriska tangenter
eller när i förberedande som kring en
fördröjd tanke där kunde ha svarat på typ där
adresserat och med budskap om ett starkt
kompletterande för hämndbegär, etc. gånger
skulle realisera det mitt framför själva avunden

# NORMALICERA

Offentliggjord som varje bokstavskod till impuls
en varje sin förutsättning av tillit, förkunnelse
och hur själva varelsen vid det av område för
en tillhörighet, hur en delningspunkt för både
ljus och mörker och varifrån dom i
skyldighet till att zooma in likt ett egna område
– kanske resterande av en analys,
en tidsmynning
det eventuella utav alla dessa bakomliggande
när vid sitt info när fortfarande växer eller bara
att få räkna in till vid alla andra i sin tomhet
och i känsla för vad en saknad innebär, vilka av
gånger av alla andra gånger och
när kunde ha vaknat
en morgon där sinnen var bortrest, att mer
som en obefintlig närhet till någon makthavare
för själva känsloorganet, en djupare instinkt för
förmyndarrummet nånting att själv bli biten
vid nacken och
hemburen, att ett sår för den helande kraften

# LIVSVINKLAR

Mestadels ungefär att fick fortsätta på
samma bana som där känslor blir
inblandad vid att kunde få diktera över
likt ett spel med personlighet
det med en bild ur själva strävan efter
som en vädjan om ett sitt
tillträde kring tankerymd, hur fick bli
planterad med lärdom så som allting
när träder i kraft av engagemang
till att fick tränga in vid en levnadsbild
– hur det när återigen när
            utgörs av en förfrågan
en kroppsidentitet med närkontakt
vid gånger kunde ha varit ordat typ i
anledning till som där sökte en mystik
när både invändigt som utvändigt
där ett varje andetag gör en liten vind

# TYSTA NIVÅER

Mitt uti förfarandet, hur några uppstannat
vid sina prototyper, datumzoner,
dilemma för förtydliganden, konsten att
kunna vara tillgänglig, få transformera en
stund åt konstellation livscykler
att nånting inpräntat med att bli stående
vid någon fråga, det som en
sprucken orkidé och när bara just för det
till en starkare påminnelse om i
rundgången av inväntade besked, en livfull
tanke som om den vore rekvirerad ur själva
naturen, inhämtad och uppöppnad för en
varje känsla till att finna hemligheten i
hur ett rum när kunde vidgas djupt utav
tillfälliga drifter, så som gånger söker svaret
vad egentligen handlar om när nån partikel
ur samma kontinuerliga grundorsak
hur allting vid dom vackra larmen om liv
nånting i känslan att kanske ändå måste ge
tron en Changs, våga en
blottad öppning att
vidgas så djupt att den fortsätter till gånger
där fick bli upphöjd till de viktlösa nivåerna

# ANDAS I TANKAR

En beteckning för själva omfånget av alltihop
något att inkludera vid omständighet, det
mesta kring saker man kunde bli upptagen
av, tidsscheman och typ från och med
sådana i mening förenat vid likt nån kontakt
vid hela tiden, det specifika för
en egenart, vilka och varifrån våra önskemål
då fanns i själva sökandet till att orka
– det som kring en kärnfråga av samma ämne
som en stunds restid inom ramen för där
det egentliga börjar ta form uti bildandet av
som ett samtal vi gått och väntat på
– slags symptom av fröbildning
en tankes ljusspektra genom diskreta rummet
hur ingick i avstånd till den töjbara optiken
eller bara som gånger när en försiktig springa
tid när tränger sig genom den av
mörklagda sidan om och när som en fukts
förmåga när försätter den vid
i det område där en nakenhets vackraste magi

# TIDSENLIGA SKEPNADER

Manege för en obruten tidslinje, att ingenting
vid det förskjutna rummet till att bli intakt
– att ett mer ungefär där jordsmycket när varv
efter varv, en kompromiss av sinnliga tentakler
ett belånat anspråk på i bekostnad av där
fick andas fick bli anträffbar vid ett sändebud
kring ett språk ur avlägsna djup, ett samma
ämne som stjärnor att få betrakta gånger när
uti full uttrycksfullhet
, den första vinden vi känner i realtid, ett
möte vid några utav dom uti egenskap av och
när antog riktning, det eventuella till
något där obeprövat uttänkt, så som en tanke
preparerats med nån naken utmaning
                – avslöja sig själv, insistera på varje rörelse
att en företrädare för där kunde ha nuddat
vid nån beröring långt innanför hjärnsömmen
en logisk mening, ett uppletat rätt ord
till att bekänna lite av den egna närvaron
endera nånting vid sina termer av livsfaser när
upptog en sida av där inte ville
göra avkall på de gånger när blir rörlig ovanpå
sköra ytan och till i minnen för en ordreflektor
allting vi kunde ha tagit för oss av
och att så där oersättlig vid sin, förevändning

# VISSA BLOCKERADE SIGNALER

Som om vi hade börjat här i introduktion
, alla dom på initiativ av
för det fria skapandet, huvudmotiv och
struktur kringgärdat av när ännu inte har
hunnit bli intrasslat vid tankar, en
potential till dom livsviktigas mening
en tillförsel typ ämnad till att få tillämpa
– stod vid en öppning till de obefläckade
ljuset, den strida strömmen när
inunder huden genom membranet
för allt de vi genomgår ett förkunnelsens
och som fundament till brofästen
någonting i prioritet åt närmast tänkbara
kunde bestå utav några ojämnt fördelade
marginaler, utmana drastiskt,
att en kärlek till investering, en massa
trevanden innan skulle tordas och innan
någon förlorad entusiasm,
endera något mer för det lättsinniga
alternativet att, inte bara våga kliva på en
resa till att förflyttas mellan alla dom vid
gånger blir fördjupad i sin verksamhet,
det som att inge till oförutsägbar tillit
något i avstånd till som bubblor kunde bli
infångat i flykten och innan dom förloras
– endera hur kunde ha letat efter att hitta
in vid sig själv där blir alltmer, otillgänglig

# RUNSTEN

Detta, ett i uttryck av ord och att inget annat
än i uttryck av ord endera bara gånger när
en tanke barrikaderat sig bakom när
full vid underliggande rymder, kontexter av
tidsströmmen, hur sinnena kunde
ta sig i skepnad av någon emotionell längtan
– typ frångå nånting vid
längden kring tanke och innan så där abrupt
även om det verkliga livet och
ifall om man skulle
bli tvungen till att välja
         precis vid där det egna när fick
agera som expander för de naknaste motivet
sorts manifestation, släckte ner runt omkring
så fick bli överlämnat åt en tyst
villkorlighet för att bli ett
bortglömt fotografi, en stum blick ut mot att
lämnad i fred utrymd att aldrig anträffbar mer

# MANUS FÖR MARIONETTRÅDAR

Entré och lite mer än upptagningsförmåga kring
tillfällen där skymde för själva klarsyntheten
– några beteendemönster där kunde likt ha haft
ett kvarvarande som bevismaterial eller
när sitt innehåll typ lugnet innan själva stormen
gånger när ohjälpligt onåbar, ett steg närmare
de eventuella ifall om mödan värt
när ser det i sin klartext, viljan till att våga rota
omkring vid sådant när full av sinnlig reaktion,
att kunde ha blivit tillfogat av saker i sitt hopkok
göra sig redo för som gråtvågor genom
glasyrsprickor, tillkännage en persona av sig själv
– känslors otillräcklighet för
            ett ordförråd till att
läsa det igen och läsa det igen via sitt avstånd till
med antydan allt info,
            – kontexten av en förödande
tanke till att fick känna själva smärtgränsen, det
när förflyttas mellan beteenden,
att driva det framför sig genom spegelslussarna
och när har koden och nyckeln liggande i sig själv

# GENERERAS VÄXELVERKAN

En fråga i genomskärning, våra äggskal och
dom eventuella av där genereras via sina
ledningscentraler genom rymder för dom i
skepnader utav som
ibland när fanns ett mellanting, traumatisk
vägval, något om hur mörker och ljus
stod alldeles som i vid en gemensam tanke
oskiljaktig och när bara några klockslag
från varandra eller när blir förlöst
till i en konstellation
gåta och upprinnelse, det eventuellt hur
man kunde gripas av och
förloras av precis in under känsloytan där
tankar blir full utav genomgångar, att en
färdskrivare med dramaturgiska incidenter
ett ultimatum för att få stiga in vid utan
att veta om rädslor kunde ha härskat över
lika omvälvande som om det kunde
ha varit en annan tid nu, men i tron på
även i ovetskap om som mörker beskyddat
oss och att ljuset visat oss vägen,
       – men det från sin början alltid så
som där en vacker blodblomma, öppnat sig

# MÄNSKLIGT KUNDKONTO

Bereda tillfälle, dom gånger som i en skör
nässelfjäril fladdrande genom tidsrummet
att bli ställd inför tänkandet
nånting att kunna ha i betraktande när
blir påkallad till att vara färdig för en sin
kraftmätning, hur de eventuella av när uti
mötet med slags obehindrat flöde att
sådana när i vilken stund som helat kunde
ha krupit in vid nervbanor, att kunde ha
blivit utsatt för en oskyddad sida
jämte den av monstruösa massan, när
bara uppstår i egenart av när överförda till
att fick bli synliggjorda eller under tid
uppsamlat alla variabler av sådana gånger
när kanske sönderfallen och
återupprättad typ ligger uti nån tyst
formulering för ett i ordagrant textat kring
minnesrum,,endera bara som
ett svar på ungefär där ställde frågan när
uppfångat till gamla bilder och gånger
passerat ögon och hörselgångar
scener ur där plockat ur för arkiverat eller
när inte hörs längre av mattpiskningar där
ekat mellan djupa innergårdar och ett
hjärta ifall om kunnat hålla hela tiden, ut

# ELEKTRIFIERADE HJÄRNSLINGOR

Om tillfälligheten av där en känning kunde nå oss
via våglängd till förkunnelse, en stund i väntsalen
alla dessa när finns överallt till att kunna göras
anpassbara i sina tillbehör för livserbjudande
en varje sin dimension kring egenskap där
märkligheten i allting vi förtar oss till i försök att
förverkliga några intensiva rymder till att bli
stationerad vid de svarslösa suckarna endera där
kunde fattas nånting för att tillfullo tillhörigheten
kvantitet av rikedom så som sammanhanget av
alla inordnade till att inkludera dom för
magiska fästpunkter, sorts tidtabeller stationerad
via genom härkomsten, eller hur fattats nånting
för själva tanken, det liggande i behovet till en själ
när en sjögång, när en livspassage, i stänk av
solrosor, kvantitet känningar där anlöpt
nervcentra innan händelser i konflikt med sig själv
innan alla frekvenser ur sitt replikerande genom
dom där spegelslussarna åt älskvärda applikationer
att en tanke för en annan spännvidd, typ vad
kunde ha blivit utav allt det här mer än en vacker
antydan till en uppsprickande horisontrand
och inte är det väl en ödes lott till att skipa rättvisa

# NÅGON CELLDELNING

Att en självkänsla till att kunna tillkännage
där bara infaller sig naturligt, en varje sin
förteckning över där den egna svaranden
med ovetskapen om det mesta
        – ett blockerat ämne
några tomma rader och de som att kunde
bli förvägrad känslor, typ tillfoga
sig själv genom tidszoner när i underlag åt
som vid en djupanalys, allt när
i dragningskraft för raffinerade blänken
de att få lägga mot av pantsatta drömmar
endera hur kunde ha lagts ovanpå
        som där bild efter bild
med i koncentrat för det likt i uppskov för
en belånad tid, ett oskyddat hjärngrepp
hur det eventuella av sådant dagar
och nätter faller genom innan blir till
i sina avtryck för årstidsringar
men tar inte bort berättigandet till när
blommorna åter tilltalar oss med tro på liv

# Innehållsförteckning